Kirchliche Baukunst
der
Côtes-d'Armor

Bruno Le Mézec

Für Laora

Autor, Bruno Le Mézec.
Fotos, Bruno Le Mézec.
Redaktion, Andrea Hofmann und Hartmut Jäger.
Alle Rechte Bruno Le Mézec vorbehalten.
ISBN:978-3-00-057377-4.

An die Côtes-d'Armor an der bretonischen Nordküste zieht es vergleichsweise viel weniger Touristen als in andere Departements der Bretagne. Für viele Reisende sind sie kaum mehr als eine Durchgangsstation auf dem Weg zum nebelumwobenen keltischen Ende der Welt (Finistère), mit seinen Pflichtzielen wie Carnac oder Gavrinnis. Der vorliegende Text hegt also u. a. die Hoffnung, den einen oder anderen Besucher der Bretagne dazu anzuregen, einmal einen Halt bei Lanvollon, Tréguier oder Guingamp zu wagen. Die historischen Sehenswürdigkeiten dieser Orte - zum Teil bis weit über die Grenzen der Bretagne hinaus bekannt - sind es zweifellos wert: Vom einfachen Steinkreuz am Wegesrand bis zur eindrucksvollen Kathedrale oder umfangreichen Klosteranlage bilden sie in ihrer Summe eine der dichtesten Konzentrationen von sakralen Denkmälern in Frankreich. Einen ersten Einblick in diese faszinierende Welt soll dieses Heft liefern. Sollte es Ihr Interesse erweckt und Sie zu einem baldigen Ausflug an die Côtes-d'Armor bewegt haben, hat es seinen Zweck erfüllt.

Meine persönliche Verbundenheit mit diesem Thema reicht zurück bis Anfang der 70er Jahre des vergangenen Jahrhunderts, als ich mit meinem Vater durch den Landstrich um die Gemeinden Lannebert und Tréméven, zog. Bei diesen Gelegenheiten erzählte er viele Geschichten aus seiner Kindheit die er dort verbrachte. In der inzwischen mutwillig zerstörten Turmruine der Burg von Coëtmen spielte er mit seinen Geschwistern. Später besuchte ich im Jahr 1981 den Temple de Lanleff wo ich eine Zeichnung anfertigte. Im Gegensatz zu heute war der Andrang in jener Zeit nicht gerade groß. An einem sonnigen Sommertag befand ich mich stundenlang mutterseelenallein in dieser damals noch halb von Gestrüpp überwucherten Ruine, was heute unvorstellbar erscheint.

Baudenkmäler können aus verschiedenen Blickwinkeln betrachtet werden. Um den Geist zu verstehen, der sie hervorbrachte, bedarf es mehr als einer nüchternen baugeschichtlichen Betrachtungsweise und der damit oftmals einhergehenden Reduktion auf ihre rein technischen Aspekte beziehungsweise einer korrekten Wiedergabe durch die Formensprache. Diese sind nicht nur technische Errungenschaften, sondern auch und vor allem geistig-kulturelle Schöpfungen, deren Symbolik und Ästhetik weitreichende Verbindungen in die gesellschaftlichen und psychischen Strukturen ihrer Erbauer vorweisen. Mein Ansatz in den nachfolgenden Betrachtungen gleicht daher eher der Sichtweise eines Ethnologen. Jede Forschergeneration wird herausgefordert, auf ihre Weise neue Kenntnisse zu diesen Denkmalen herauszuarbeiten, auch wenn solchen Vorhaben derweilen erhebliche Grenzen gesetzt sind. Dem Philosophen Heidegger folgend bleiben bestimmte Deutungsschichten eines jeden Kunstwerks für immer verschüttet, in unserem Fall nicht zuletzt weil die Gründungszeugen der bretonischen Monumente längst verstummt sind.

Baustil im Wandel der Zeit

Die heutigen Bretonen gehen zum größten Teil zurück auf bereits christianisierte keltische Stämme der Britischen Inseln, die im 6. Jahrhundert, verdrängt von angelsächsischen Invasoren, auf die armorische Halbinsel übersiedelten. Sie richteten Gemeinden ein, deren Namen mit der Vorsilbe *Plou-* leicht auszumachen sind, sowie monastische Siedlungen, die mit *Lann-* beginnen. Über ihre Gotteshäuser ist nur wenig bekannt. Bauliche Zeugnisse aus der Zeit vor der Wende zum 1. Jahrhundert sind in der Bretagne eine absolute Seltenheit, so dass man im Hinblick auf die frühesten Gotteshäuser gewissermaßen im Dunkeln tappt. Einige wenige Ausnahmen gibt es jedoch. Darunter befindet sich die Kapelle Saint-Étienne in Nantes, deren Grundmauern wahrscheinlich auf das sechste Jahrhundert zurück gehen. An den Côtes-d'Armor gibt es wohl keine vergleichbaren Überreste. Wie für andere Regionen Europas ist auch hier anzunehmen, dass die ältesten Kirchen aus Holz errichtet wurden, wovon aus verständlichen Gründen nichts erhalten ist. An Standorten mit römischer Vorbebauung konnte man hingegen, wie in anderen ehemals römischen Provinzen, antiker Bauten und Ruinen nutzen. Zuerst wurde auf noch vorhandene Gebäude oder Teile davon zurückgegriffen die in das neu zu errichtende Gotteshaus integriert und entsprechend umfunktioniert wurden.[1] Die Ruinen der einstigen Kastelle und Badehäuser stellten auch eine günstige Quelle für Baumaterialien bis in das spät Mittelalter dar.[2] Bestimmte gallo-romanische Hinterlassenschaften, auf die man im Zuge der

Bautätigkeiten gelegentlich stieß, erhielten wegen ihres inzwischen nicht mehr zu ergründenden kulturellen Zusammenhangs eine neue symbolische Verwendung als Kultgegenstände in einem veränderten Bedeutungsrahmen. So z. B. eine plastische Darstellung des Taranis in der Vorhalle der Kirche von Plouaret in der Provinz Trégor, vormals in der Ruine der Kapelle Saint-Mathieu, der Heilkräfte bei der Behandlung von Rheuma zugesprochen wurden. Weitere vergleichbare Bauelemente wurden bei archäologischen Ausgrabungen in eindeutig sekundärem christlichen Zusammenhang entdeckt.

Nach 843 wurde die Bretagne von Wikingern überfallen, die man *bleizi mor* nannte, was sich als 'Meeres-Wölfe' übersetzen lässt. Im Zuge der bald folgenden Besetzung der Halbinsel durch diese Invasoren wurden vermutlich alle bestehenden Gotteshäuser vernichtet. Die Wiedereinführung des Christentums begann am Ende des 10. Jahrhunderts. Aus dieser Zeit stammen monastische Einrichtungen, deren Namen die Anfangssilbe Lok- enthalten. Es handelte sich größtenteils um recht bescheidene Orte, die aber einen wichtigen Einfluss auf die weitere kulturelle Entwicklung des Landes nahmen. Die Ruine der Kapelle Sainte-Anne auf der Île de Batz (nach 950) stammt etwa aus dieser Epoche.

Aus dem 11. und 12. Jahrhundert sind, sofern überhaupt schon mit Stein gearbeitet wurde, so gut wie keine Überreste erhalten. Im Vergleich mit den benachbarten Regionen sind romanische Baudenkmäler in der Bretagne aber ohnehin selten. Zusammen genommen dürften es nicht einmal 250 Bauwerke sein, die eine entsprechende Bauphase aufweisen, darunter nur eine kleine Anzahl von größeren zusammenhängenden Komplexen. Der Grund hierfür liegt wohl in den Eigenschaften des bretonischen Granits. Seine Härte erschwerte die Bearbeitung durch herkömmlichen Werkzeugen. Zudem war der für den Mörtel notwendige Kalk wegen der großen Entfernung zu entsprechenden Lagerstätten eher ein Luxusgut. Man geht davon aus, dass die an historischen Gebäuden in der Bretagne zu beobachtende recht schmale Fuge u. a. eine Antwort auf diesen Mangel war. Vorgezogen wurde also zumeist der überall vorhandene Lehmmörtel, der sich allerdings kaum für größere Bauwerke mit starken Schubkräften eignete. Steinerne Gebäude entlang der bretonischen Nordküste waren daher vor allem eine Angelegenheit der kaufkräftigsten Bauherren dieser Zeit, also des Adels und der Prälaten.[3] Diese Bauten wurden insbesondere in Form von Kathedralen, Burgen und Klosteranlagen errichtet. Obwohl Vorbilder wie die gewölbten Rundbauten aus dem byzantinischen Kulturkreis bekannt waren, setzten sich hier schlichte Hallenbauten durch. Diese ließen sich nur schwer mit dem bretonischen Granit abdecken, so dass Holzdecken sich fortan bis hin zur Neuzeit durchsetzten.

Einen empfehlenswerten Einstieg in die romanische Baukunst der Côtes-d'Armor bieten der Temple de Lanleff und der Tour Hasting in Tréguier(◄). Letzterer liegt in der Verlängerung des nördlichen Querhausflügels der Kathedrale Saint-Tugdual in Tréguier und gilt als deren älteste Bauphase (um 1100). Er dient zur Zeit als Kassenraum bei der Besichtigung des Bischöflichen Kreuzgangs. Die Kapitelle der Wandsäulen des Erdgeschosses weisen auf keltische Einflüsse hin(▼).

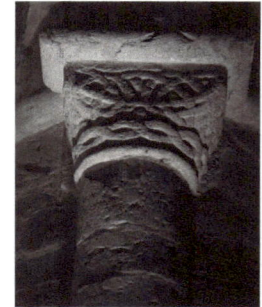

Der Temple de Lanleff ist ohne Zweifel das älteste und rätselhafteste Kirchendenkmal der Côtes-d'Armor. Beim Betrachten dieses Rundbaus vom höher gelegenen Parkplatz fällt zunächst seine außergewöhnliche Lage auf am Talgrund in der Nähe eines Quellbeckens weit unterhalb der an prominenter Stelle erbauten jüngeren Dorfkirche. Der Hang, an dessen Fuß das Denkmal liegt, wurde vor Baubeginn zum Teil abgetragen, um einen allseitigen Zugang zu dem Gebäude zu ermöglichen.

Der Bau bestand aus einer zentralen Rotunde mit Rundumgang im Stil *roman épuré*(◄). Es ist nicht vollständig erhalten, denn die Außenmauer ist zum Teil abgebrochen. Vom Rundumgang aus gelangte man in drei nahe beieinander liegende gewölbte Apsiden. Chor und Umgang werden durch Arkatur[4] voneinander getrennt, deren durch Gurtbögen verstärkte Rundbögen auf Wandsäulen aus Spilit aufliegen. Ihre stark verwitterten Basen und Kapitelle sind mit vielen archaisch anmutenden, naturalistischen Abbildungen im Tiefenrelief, die u. a. Menschen und Tiere darstellen, aber auch mit geometrischen Motiven verziert. Im benachbarten Park kann man ein Rekonstruktionsversuch dieser Darstellungen besichtigen. Unter den abgebildeten Tieren sind Säugetiere und Vögel vertreten. Die menschlichen Darstellungen werden im Zusammenhang mit dem Schöpfungsmythos gedeutet: so verdeckt beispielsweise Adam seine Blöße mit überdimensionierten Händen(▼).

Obwohl einige Wandsäulen abgebrochen sind, lassen verschiedene Hinweise im aufgehenden Mauerwerk des Rundumgangs, welcher gleichzeitig als Nebenschiff diente, darauf schließen, dass er ursprünglich mit einem Natursteingewölbe ausgestattet war. Daran lehnen sich jedenfalls die Restaurationsarbeiten an. Ob die zentrale Rotunde ebenfalls gewölbt war oder eine andere, leichtere Decke besaß, ist schwer zu beurteilen. Bei einem Durchmesser von zehn Metern wären die auf den Außenmauern lastenden Kräfte eines steinernes Gewölbes und Eindeckung recht groß gewesen. Das Fehlen von Strebepfeilern lässt nicht unbedingt auf das vormalige Verzicht auf ein steinernes Gewölbe schließen. Solche Konstrukte kamen erst in späteren Jahrhunderten zum Tragen und ihre Funktion bestand nicht allein darin, die Schubkräfte des Gewölbes zu neutralisieren.[5] Romanische Zentralbauten mit vergleichbaren Durchmessern sind durchaus bekannt. Manchmal wurde die Last der Gewölbe zusätzlich von einem zentralen Pfeiler aufgefangen, während im vorliegenden Fall auch der gewölbte Umgang zur Verteilung von lateralen Schubkräften beigetragen haben dürfte.

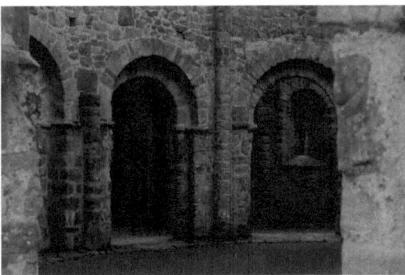

Da diese Anlage frühzeitig das Interesse der Fachwelt fesselte, gibt es einige phantasievoller Spekulationen darüber, als auch seriöser Monographien und historische Bestandsaufnahmen. Bis zum 19. Jahrhundert wurde die Ruine als Sonnentempel gedeutet, später in einen Zusammenhang mit dem Orden der Tempelritter gebracht. Das Durchstöbern von alten Abhandlungen lohnt sich, hier ein Ausschnitt:

Es ist ein altes kreisförmiges Gebäude bestehend aus zwei Wandkreisen; der innere schließt einen Bereich von dreißig Fuß ein; der andere, der neun Fuß nach außen versetzt ist, ist in Bezug zum inneren Kreis konzentrisch. Die innere Mauer ist durchbrochen von zwölf Arkaden, jede fünf Fuß breit und neun Fuß hoch. Jede der Arkaden formt einen Bogen und ist unterstützt von Pilastern von drei Fuß an jeder Seite. Deren jeweilige Seiten sind verziert mit einer vorgelagerten Säule,[6] die fünf Daumen herausragt. In der äußeren Mauer gibt es zwölf Fensteröffnungen, die mit den zwölf Arkaden der inneren Mauer übereinstimmen. Diese Fenster weichen in ihrer Form und Größe ab. Sie sind verjüngt nach unten und die Fläche die sie separieren ist auch verziert mit Säulen. Dieses Gebäude ist äußert solide gebaut. Es ist verputzt mit Zement und das Gestein das man verwendet ist schön und von guter Qualität.

Man erkennt mehrere Mauerzüge aus grünem Kalktuff. Die Gelehrten sind der Meinung, es handele sich um einen von den Ureinwohnern des Landes gebauten Tempel. Herr de Brignan, der viel geforscht hat über die Bretagne und über den Ursprung der Sprache des Volks der Niederbretagne hat das Denkmal, um das es sich handelt, sorgfältig untersucht und seine Konstruktionsweise mehr oder weniger vergleichbar mit der des Tempel de Mont-Morillon, im Poitou, gefunden. Der Abt Le Bœuf behauptet, letztgenannter, den man immer als einen heidnischen Gottheiten geweihten Tempel betrachtete, sei nichts anderes gewesen als ein Hospital, gebaut um Reisende zum oder Rückkehrer aus dem Heiligen Land zu empfangen. Wir urteilen nicht zwischen diesen beiden Schreibern sondern überlassen dem Leser die Freiheit, der Meinung zu folgen die ihm glaubwürdiger erscheint.[7]

Seiner mystischen Aura zum Trotz wird dieses Denkmal von der Fachwelt nämlich als ein Produkt vom Ende des 11. bzw. Anfang des 12. Jahrhunderts angesehen, weshalb es als eines der wenigen romanischen sakralen Bauwerke der Bretagne gilt. Spätestens die Veröffentlichung einer Urkunde von 1148 zeigt, dass es sich bei diesem Denkmal um eine Kirche handelt, die der heiligen Maria geweiht war. Ihre für die Bretagne in der Tat eher seltene Grundform[8] gab Anlass zu einem Vergleich mit Saint-Sépulcre in Jerusalem, in der nach christlicher Überlieferung der Leichnam Jesu nach der Kreuzigung aufbewahrt worden sein soll. Der Grundplan jener Kirche besitzt ebenfalls zwei konzentrische kreisförmige Mauerzüge, und auch die Anzahl von zwölf Arkaden stimmt überein. Allerdings sind vergleichbare Rundbauten auch aus anderen Teilen Frankreichs[9] und aus England[10] bekannt, so dass mit Verweis hierauf gerne die Vorstellung verknüpft wird, ihre Errichtung sei einem Verlangen der vom 1. Kreuzzug heimgekehrten Ritter geschuldet, welche im Gotteshaus Saint-Sépulcre die Messe besucht und ihre spirituelle Erfahrung auf diese Weise in die Heimat hätten übertragen wollen.

Der zentrale Grundplan, die Nähe einer Quelle und die Schutzheilige Maria deuten darauf hin, dass es sich hierbei ursprünglich um ein *baptisterium* handelte. Diese lagen gewöhnlich in der Nähe eines Gotteshauses beziehungsweise schlossen sich daran. Eine runde oder polygonale Form passte zu dem in der Mitte befindlichen Taufbecken. Ein bekanntes Beispiel dieses Typs befand sich in Bonn und wird ebenfalls ins 11. bis 12. Jahrhundert datiert.[11] Es wurde wahrscheinlich nicht lange vor 1855 abgerissen.

Auch wenn aus heutiger Sicht eine Deutung des Bauwerks als heidnischer Tempel abwegig erscheint, ist der Name geblieben, da eine ausdrücklich christliche Patronage oder Nutzung diesem zunächst als Ruine in das öffentliche Bewusstsein gerücktem Denkmal nicht anhaftete. Dieser Umstand erweist sich heute als ein Segen für die Tourismusindustrie, da sie nach dem Vorbild von Stonehenge vermarkten kann. Tempel sind eben viel geheimnisvoller als gewöhnliche Kirchenbauwerke. Nicht von ungefähr findet hier alljährlich ein Musikfestival statt, ähnlich dem allerdings viel größeren in Glastonbury in England.

Die Romanik wurde in Frankreich etwa Mitte des 12. Jahrhunderts vom gotischen Baustil[12] abgelöst, der sich von hier vor allem nach Süd- und Mitteleuropa ausbreitete, in Deutschland etwa seit dem Beginn des 13. Jahrhunderts. Die Gotik ist eine umfassende Stilepoche, welche bis ins frühe 16. Jahrhundert andauerte. Als herausragende Beispiele gelten die französischen Kathedralen als Gesamtkunstwerk. Bei ihrer Errichtung musste eine Reihe von technischen Problemen bewältigt werden, so insbesondere die optimale Verteilung der enormen Druck- und Spannungskräfte, welche die in die Höhe strebenden steinernen Gewölbe auf das Mauerwerk ausüben. Eine Antwort darauf ist die Skelettbauweise, die auf tragende Mauern weitgehend verzichtet. Stattdessen wird die Last des Gewölbes von schlanken

Pfeilern getragen und der Seitenschub über Strebebögen auf außerhalb des Gebäudes stehende Strebepfeiler(►) abgeleitet. Lösungen von technischen Fragen können folglich stilprägende Wirkung auf eine ganze Epoche der Architektur ausüben. Durch weitere Komponenten wie Maßwerksfenstern, Kreuzrippengewölben und Spitzbögen entstand eine reiche Formensprache. Selbst die oft reich verzierten Fialen[13] auf den Strebepfeilern sind nicht nur als ästhetisches Detail gedacht, sondern tragen durch ihr zusätzliches Gewicht zur Stabilität des gesamten Bauwerks bei. Auf diese Weise findet die Gotik ihren architektonischen Ausdruck und überwindet die düstere Schwere der Romanik. Die gotische Kathedrale wird von Licht regelrecht durchflutet und steigt hinauf in bis dahin unbekannte Höhen.

Mit dem Stilwechsel gingen tiefgreifende Änderungen in der mittelalterlichen Gesellschaft einher, die zu parallelen Verschiebungen auch in anderen Geistessphären, z. B. Politik, Philosophie, Theologie und Kunst führten. Der übermäßige Prunk des gotischen Stils spiegelt die im fortschreitenden Mittelalter sich konsolidierende Macht sowohl der Landesfürsten als auch des Königtums wider. Als seine Geburtsstätte gilt die Kathedrale Saint-Denis nördlich von Paris, die seit dem Ende des 10. Jahrhunderts als Grablege fast aller französischen Könige diente.

Während sich das im Schutz der spätmittelalterlichen Stadt aufgestiegene Bürgertum in den Kathedralen ein eindrucksvolles Symbol seiner wachsenden politischen Bedeutung schuf, identifizierte sich die noch vergleichsweise rechtlose ländliche Bevölkerung mit ihren Kapellen. Letztere enthalten alle von den städtischen Kathedralen übernommenen Formelemente des gotischen Stils, wenn auch überwiegend[14] *en miniature*. Fiale(◄), Wimperge[15] und damit verbundene Verzierungselemente wie Krabben[16] wurden als Gesamtpaket[17] übernommen. Dabei ging es wohl vor allem um das Nachahmen herrschaftlicher Vorbilder, wie z. B. der Vergleich des Hauptportals der Basilika Notre-Dame de Bon-Secour in Guingamp mit dem Portal der Kapelle Saint-Antoine in Tressignaux zeigt.

Der Stilwandel ging natürlich ebenso einher mit tiefgreifenden Wandlungen in Bezug auf die Frömmigkeit. Ekstatische Gotteserfahrung findet man eher im sonnendurchfluteten Raum(▼) als in der Düsternis einer schwach belichteten Halle. Die Verbindung zwischen Wahrheit und Licht, die im Begriff der *Erleuchtung* oder in der Wendung *es leuchtet mir ein* zum Ausdruck kommt, führt wie ein goldener Faden durch die Geschichte des abendländischen Geistes. Ob in Platons Höhlengleichnis oder Heideggers *im Lichte des Seins*, die Erleuchtung, ob mystischer oder religiöser Art, bedurfte stets eines hellen Ortes. Ja, *das Gute an sich* der klassischen Philosophie, das in der Scholastik des 12. Jahrhunderts als *das Schöne* wiederkehrt, wurde gewöhnlich als das Helle, das Licht, das Strahlende verstanden.[18]

Viele der hier angesprochenen Bauwerke wurden in dem Zeitraum vom 13. bis zum 16. Jahrhundert errichtet. Hervorheben lassen sich darunter vor allem die ab der zweiten Hälfte des 13. bis ins 15. Jahrhundert entstandenen gotischen Bauten. Auch wenn es infolge der häufigen kriegerischen Auseinandersetzungen dieses Zeitalters zu architektonischen Rückschlägen kam - in den Wirren des hundertjährigen Krieges wurden z. B. viele Kapellen von englischen Plünderern geschliffen, da sie sich durch ihre massiven Wände und Türme gut verteidigen ließen – gab es auch durch den damit verbundenen 'Kulturaustausch' neuen Impulsen, beispielsweise den *decorated style.*

Die Bretagne erlebte damals einen bescheidenen wirtschaftlichen Aufschwung, so dass in zunehmendem Maße auch in die kirchliche Prunkausstattung investiert werden konnte. Anfang des 15. Jahrhunderts begann schließlich eine weitere Phase der Erholung, als die kriegerischen Auseinandersetzungen mit den Engländern allmählich abflauten. Jetzt entstanden viele neue Kapellen, während bestehende auf- oder umgebaut wurden.

Die in den Côtes-d'Armor gut vertretene spätgotische Phase, das sogenannte *gothique flamboyant*, dürfte sich ab etwa der zweiten Hälfte des 14. Jahrhunderts im vorherrschenden Baustil niedergeschlagen haben. Am einfachsten ist sie an den Flammenformen der Maßwerksfenster auszumachen. Die Touristenführer erzählen gerne dahinter verberge sich die *Fleur-de-lis,* das Symbol der französischen Krone. In einigen Fällen gelingt das zwar nur mit viel Phantasie, manchmal aber ist es eindeutig(▼).

Beim Betrachten der kirchlichen Baukunst der Bretagne wird man oft mit einer Formensprache konfrontiert, die den Eindruck vermittelt, sich von den bekannten Stilrichtungen befreien zu wollen. Was in den Lehrbüchern in idealtypischer Weise fein säuberlich voneinander getrennt behandelt wird, ist in reiner Ausformung jedoch nur selten anzutreffen. Die bautechnische Entwicklung eines Gotteshauses erfolgte stets unter Anpassung an sich ändernde Bedürfnisse, wie z. B. der Erweiterung eines für eine gewachsene Bevölkerung zu klein gewordenen Gebäudes. Dadurch entstanden Mischformen aus gotischen, renaissancezeitlichen und barocken Bauphasen. Vor allem Glockentürme, Vorhallen und quer zum Chor stehende Kapellen wurden in der frühen Neuzeit gerne den zunächst rein gotischen Bauwerken hinzugefügt.

Neben solchen Verschmelzungen von klassischen Stilelementen(▶) wird man auch grundlegenden Abweichungen davon begegnen. So wurden beispielsweise für die Romanik typische Rundbogenfenster noch oft bis zum Ende des 14. Jahrhunderts beibehalten. Sie besitzen teilweise dieselben Formsteinprofile wie gleichaltrige Spitzbogenfenster. Die Vorteile des Spitzbogens waren eher statischer Natur. Er erlaubt beim Gewölbebau, der in der Bretagne allerdings nur eine untergeordnete Rolle spielte, eine bessere Verteilung der Lasten. Oft ist er dort recht schwach ausgeprägt oder nur angedeutet.

Auch das Nebeneinander von unterschiedlichen Stilkomponenten, man könnte sogar von Zwitterwesen sprechen, bedarf eines Kommentars. Es erreichte einen Höhepunkt vom 16. bis zum 17. Jahrhundert. Obwohl der Einfluss von Stilelementen der Renaissance in der Bretagne zu Beginn des 16 Jahrhunderts spürbar war, beispielsweise 1510 an der Nordfassade von Saint-Servais in der östlichen

Cornouaille,[19] wirkte der *gothique flamboyant* bis zum Ende des 16. Jahrhunderts fort. Das Resultat dieser Kombination nennt man bretonische Renaissance. In dieser Zeit werden viele reich verzierte Vorhallen an der Südseite, seltener auch an der Nordseite, von Kapellen und Kirchen angebaut. Gleichzeitig finden die als architektonische Besonderheit der Bretagne geltenden, umfriedeten Pfarrbezirke, die an den Côtes-d'Armor jedoch fehlen, ihren Höhepunkt. Im 17. und 18. Jahrhundert werden Altäre zunehmend mit reich verzierten Retabeln,[20] die oftmals noch erhalten sind, ausgestattet. Sie wurden für gewöhnlich von Schiffstischlern angefertigt, mitsamt ihren galionsfigurartigen Details.

Typische Merkmale der Architektur

Dem Besucher wird die Reichhaltigkeit und Vielfalt der architektonischen Lösungen auffallen. Allerdings gibt es Wiederholungen von technischen Details und Stilmerkmalen, die die sakrale Architektur der Bretagne weitgehend prägen. Zu nennen wären beispielsweise die einfachen Glockenwände der westlichen Giebel(◄►) mit ihren schlichten Treppen aus Steinplatten, welche den Zugang zu den ein bis drei Glocken ermöglichen, oder auch die in der Einzelausführung weit von einander abweichenden Fialen. In einem Land, das durch eine hohe Geburtenrate geprägt war, wird die Frage der Fruchtbarkeit zwangsläufig einen hohen Stellenwert eingenommen haben. Es ist daher keine Überraschung, dass sich diese Sorge einer ländlichen Bevölkerung auch in der architektonischen Formensprache widerspiegelt. Besonders auffällig ist in diesem Zusammenhang das Anbringen von Weinblättern, dem Symbol der Fruchtbarkeit, im Tiefenrelief. Sie erscheinen an Retabeln (Châtelaudren), Säulen(►) (Bulat-Pestivien), Pfeilern (Runan), Konsolen (Kermaria) und Fenstern (Kerfuns).[21] Letztendlich aber drang diese reiche grafische Vielfalt mit ihren bemalten Holztonnengewölben, Fenstern, Portalen, Altären und Retabeln bis in alle Winkel und Nischen dieser Kultstätten vor. Auf Konsolen angebrachte Heiligenfiguren dienten nicht nur als Schmuck, sondern erfüllten darüber hinaus

auch einen erzieherischen Zweck im Hinblick auf die kultische Bindung einer größtenteils des Lesens unkundigen Landbevölkerung an die christlichen Glaubenslehren. Das pädagogische Angebot dürfte ursprünglich sogar noch vielfältiger gewesen sein. Wegen des feuchten bretonischen Klimas hatten Wandmalereien jedoch nur geringe Chancen, die Jahrhunderte zu überdauern. Von einigen Ausnahmen soll weiter unten die Rede sein. Ebenso sind auf das Mittelalter zurückgehende bunte Glasfenster von Zerstörungen, wie etwa während der Revolution, nicht verschont geblieben und in der Bretagne Mangelware geworden. Ersetzt wurden sie in der Regel durch farbloses Glas, das oft von barocken Altarretabeln verdeckt wird.

Die reich verzierten Lettner (von lat. *lectorium* = Lesepult) bilden vielleicht den Höhepunkt dieser Pracht. Von den in der Bretagne erhaltenen befinden sich einige wenige in den Côtes-d'Armor, beispielsweise in Loc-Envel (15. Jahrhundert, ▶), Belle-Île-en-Terre und Kerfuns (Pluzunet). Es handelt sich um steinerne oder hölzerne Schranken, die den Raum für die Kleriker vom übrigen, für die Laien bestimmten Kirchenraum abtrennten. Sie hatten ihre Blütezeit in der gotischen Epoche, danach wurden sie im Hinblick auf ihre Funktion allmählich von der Kanzel abgelöst. Ihr reicher Figurenschmuck diente der bildlichen Darstellung der Leidensgeschichte Christi. Dahinter befand sich der Raum für den Klerus mit Chorgestühl und Hauptaltar. Vom Lettner wurden liturgische Texte verlesen und gepredigt, weshalb er durch die Reformation in der katholischen Kirche seine Funktion verlor. Die Erhaltung von einigen wenigen Exemplaren in der Bretagne wird gern mit der berühmten Sturheit der Bretonen in Verbindung gebracht. In der Regel wurden sie in Richtung Hauptportal versetzt und bildeten von da an eine gewöhnliche, wenn auch reich verzierte Trennwand im Hauptschiff.Die Ausstattung der Kirchen und Kapellen mit Holztonnendecken war nicht nur kostengünstiger, sondern vermied auch die beim Bau steinerner Gewölbe auftretenden statischen Probleme. Der Granit ist für den Gewölbebau wegen seines Gewichts, dem hohen Aufwand und den Kosten seiner Bearbeitung eher ungeeignet. Allerdings waren die mit Brettern verschalten Tonnen wegen des feuchten Klimas recht anfällig und mussten immer wieder repariert oder erneuert werden. Manche Details von steinernen Tonnen, wie beispielsweise Schlusssteine und hängende oder profilierte Gurtbögen, werden originalgetreu in Holz wiedergegeben. Diese Bauweise wurde bis in die jüngste Vergangenheit aufrechterhalten. Einige jüngere Gewölbe dienten zeitgenössischen Künstlern als

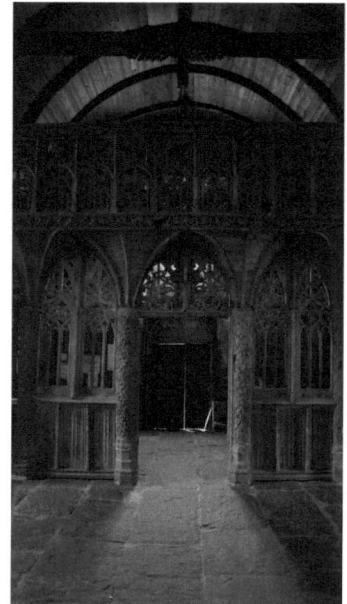

Leinwand, beispielsweise in der Kirche Saint-Tugdual nahe Guingamp, die aber erst im 18. Jahrhundert erbaut wurde. Andere erhielten ihre reichhaltige Bemalung dagegen schon im späten Mittelalter und in der frühen Neuzeit (Runan, Plougrescant, Châtelaudren) und sind Denkmäler von überregionaler Bedeutung. Die oft mit Schnitzereien versehenen Balken am Übergang zum Mauerwerk, sogenannte

sablières(◄▼), auf denen die Tonne lagert[22], weisen eine große Vielfalt von Verzierungsformen auf. Die Motive reichen von einfachen, in regelmäßigen Abständen geschnitzten Menschengesichtern (Kermaria-an-Iskuit bei Plouha) über unbemalte naturbelassene Darstellungen (Kergrist) bis hin zu bunt bemalten Kompositionen (Runan). In Loc-Envel sind sie, zum Teil auch bemalt und besonders aufwendig gestaltet. Man findet ähnliche Verzierungen auch an den Fassaden von bürgerlichen Fachwerkhäusern, wie z. B. am Marktplatz von Tréguier. Aus Stein gearbeitete Kreuzrippengewölbe sind mit Ausnahme der Vorhalle der Kapelle von Kermaria-an-Iskuit bei Plouha - dort mit reicher Bemalung - dagegen ein charakteristisches Merkmal der Kathedralen, Basiliken und Klöster.

Zum Ausgleichen der erheblichen Querzüge einer Holztonnendecke befinden sich in Höhe der Auflagebalken bzw. der Unterkante der Tonne in der Regel Querstrebebalken unterschiedlicher Ausprägung(▼). Während einige recht schlicht gehalten sind, besitzen andere durch ihre aufwendige Verzierung (vor allem in Loc-Envel) eine besondere kunsthistorische Bedeutung. Nicht selten sind die Balkenenden in Form eines aus der Wand ragenden, den Balken schluckenden Drachenkopfes, *engoulants*(▲) genannt, geschnitzt, die den Eingang zur Hölle symbolisieren *(guele de l´enfer)*. Dieses Motiv stellt den Kampf gegen das Böse dar. Man wird hier sofort an die Legende vom Kampf des heiligen Georg gegen den Drachen erinnert, die ursprünglich aus dem mittleren Osten, vermutlich Georgien, stammt und etwa seit dem Hochmittelalter im westlichen Europa bekannt geworden ist. Fabelwesen wie der Drache und Tiere wie die Schlange oder das Krokodil symbolisieren das biblische Meeresungeheuer Leviathan, das Sinnbild der Apokalypse, das schon in der antiken Welt, etwa bei den Phöniziern, auf ähnliche Weise verkörpert wurde. Im Buch Hiob handelt es sich um einen riesigen Drachen oder eine Schlange, die Katastrophen auslösen kann. In nordischen Sagen ist von Ragnarök, dem Sohn des Gottes Loki in Gestalt einer riesenhaften Schlange, die Rede. Zur Abwehr von Unglück soll das Maul des Leviathans durch einen Teil des Gebäudes gestopft werden. In der romanischen Architektur fanden derartige Motive häufig Verwendung, insbesondere an Türrahmen und Fenstern von repräsentativen Gebäuden. Sie lassen sich in der Bretagne noch bis ins 17. Jahrhundert beobachten.

Die Kapellen wirken auf den Betrachter eher schlicht und bestehen zumeist aus einem rechteckig abgeschlossen Chor mit oder ohne Nebenschiff. Vielerorts ist nur eins vorhanden. Sie werden vom Hauptschiff durch Arkatur getrennt. Die Schwelle zum Chor wird oft durch einen hohen Bogen, die sogenannte *mur diaphragme* gebildet. Am häufigsten kommt jedoch das sogenannte *nef obscure* vor, was sich als 'dunkles' oder 'finsteres Mittelschiff' übersetzen lässt, das von Fenstern in den Giebelwänden und Nebenschiffen beleuchtet wird. Die geringere Höhe der Traufwände, die normalerweise keine höheren Fenster zulassen würden, wird kompensiert durch Gauben; so entstehen die typischen überdimensionierten Fenster.

Die vorzugsweise an die Süd-, seltener an die Nordseite (Kermaria-an-Iskuit) der Kapellen und Kirchen angebauten Vorhallen, sogenannte *porches latéraux*(◄), welche einst auch als Versammlungsort dienten, sind in der Regel mit Standbildern von Heiligen geschmückt (Kermaria-an-Iskuit bei Plouha, Saint-Loup in Lanloup und Notre-Dame de Bulat in Bulat-Pestivien). Sie können *en miniature* die gleichen Deckengestaltungen aufweisen wie die Hauptschiffe, nämlich hölzerne Tonnen und reich verzierte Auflagebalken.

Erwähnt werden müssen auch die vielfältigen Gestaltungslösungen der Wasserspeier(▼). Das am häufigsten fotografierte Motiv ist vielleicht der Mann mit Hut in Runan, doch auch in Gurunuhel, Loc-Envel und Plouisy kann man sehr ausdrucksvolle Exemplare besichtigen. Manche Elemente bestehen zur Hälfte aus am Giebelmauerwerk angebrachten Tiefenreliefs, deren Darstellungen erst nach dem Austritt aus der Wand völlig plastisch werden, und beispielsweise Menschen (Loc-Envel) oder Fabelwesen (Loc-Envel▼, Saint-Fiacre) abbilden.

Retabeln mit Tabernakel[23] erscheinen erst in der zweiten Hälfte des 16. Jahrhunderts. Sie besitzen im Zentrum in der Regel durchschnittliche Malereien, während ihre plastischen Verzierungen und Skulpturen oft überdimensioniert, überwältigend und standardisiert wirken. Durch ihre Höhe schirmen sie größtenteils den Lichteinfall der Chorfenster oder *maîtresse vitre* ab, was auch zu dessen Niedergang beitrug. Zur Behebung dieses Problems wurden dem Chor seit der Blüte der Retabelkunst und in der Folgezeit zunehmend laterale Umbauten, wie beispielsweise herrschaftliche Kapellen, hinzugefügt. Aus der Zeit vor 1600 sind nur wenige Retabeln erhalten geblieben da sie oft bei der Einführung der Tabernakel zerstört wurden. In den Côtes-d'Armor können nur einige wenige besichtigt werden, so beispielsweise das aus Tournai-Gestein gefertigte Exemplar in der Kapelle Notre-Dame de Runan(▼). Einige andere sind dagegen stark beschädigt oder nur noch als Einzelkomponente erhalten. Letzteres ist der Fall bei den aus Alabaster angefertigten Paneelen in den Kapelle von

Notre-Dame-du-Tertre in Châtelaudren und   Kermaria-an-Iskuit bei Plouha. Diese stammen ebenso wie viele weitere Alabasterpaneelen, die nach der Reformation auf den Kontinent gelangten, aus der berühmten englischen Werkstatt von Nottingham.

Die Erbauer

Die auf den folgenden Seiten vorgestellten Bauwerke wurden in der Hauptsache von den führenden Ständen des Mittelalters erbaut bzw. gestiftet, also den Bischöfen und Herzögen, den Mönchs-, Kanoniker- und Ritterorden, wie Augustiner, Zisterzienser,[24] Dominikaner, Prämonstratenser und Johanniter, sowie dem lokal ansässigen Adel. Hinzu traten als Stifter zunehmend auch die aufblühenden städtischen Gemeinwesen mit ihren wohlhabenden Patrizierfamilien. In der unterschiedlichen Einrichtung und Formensprache dieser Bauwerke spiegelt sich die jeweilige soziale Ordnung und Vorstellungswelt der städtischen, ländlichen und klösterlichen Glaubensgemeinden wider.

Die Kapellen wurden oftmals nach einem bestimmten Vorfall (z. B. ein überlebtes Unglück, erfolgreiche Fehde, Geburt eines Erben) oder nach der Rückkehr von Kreuzfahrern in die Heimat gestiftet und dienten in der Folge vor allem der Seelsorge und Unterweisung der Landbevölkerung. Die notwendige Arbeitsleistung für ihre Errichtung musste in der Regel von den in mehr oder weniger großer Abhängigkeit von ihren Grundherren lebenden Bauern und Handwerkern erbracht werden, wobei man die entsprechenden Kenntnisse im Umgang mit den vorhandenen Baumaterialien und -techniken voraussetzen kann. Mancher Handwerker hatte sicherlich schon bei der Errichtung eines der fünf Bauwerke mitgearbeitet, die im 15. und 16. Jahrhundert einen enormen Einfluss auf die bretonische Baukunst ausübten. Es handelt sich um die Kathedralen von Quimper und Vannes, Notre-Dame-du-Mur in Morlaix, Notre-Dame-du-

Folgoët und das Schloss bzw. die Burg von Kerjean. Letztere hatte einen Vorbildcharakter für die Einführung des klassischen Stils.

Ungeachtet solcher Vorbilder kann man viele bretonische Kapellen allerdings als Unikate betrachten. Die Namen der am Bau beteiligten Handwerker sind nur in den seltensten Fällen überliefert, so beispielsweise in Runan, wo eine in einen reich verzierten Auflagebalken geritzte Inschrift den Namen des Künstlers verrät: Le Mérer(▼). Das geübte Auge erkennt in den Details dieser Bauwerke aber durchaus die individuellen Eigenarten oder Stilvariationen von bestimmten Baumeistern, Werkstätten oder Architektenfamilien. Eine von ihnen waren die Beaumanoirs aus der Gegend von Morlaix, die im 15. und 16. Jahrhundert eine ganze Reihe von außerordentlich erfolgreichen Steinmetzen hervorbrachte. Um die Mitte des 15. Jahrhunderts dominierte an vielen Orten der nördlichen Bretagne der ihnen eigene, in wesentlichen Aspekten auf Philippe Beaumanoir zurückgehende Baustil, dem zahlreiche Bauwerke aus dieser Zeit zugeschrieben werden. Zu den typischen Merkmalen des sogenannten *Beaumanoir-Stils* zählen Glockenwände und Fenstermaßwerke der Spätgotik (*gothique flamboyant*) sowie Giebelverzierungen und ausdrucksstarke Wasserspeier.

Die Hersteller der reich verzierten Retabeln entlehnten ihre Vorbilder aus verschiedenen Quellen. Vor allem die Corlay aus Châtelaudren und Tréguier waren in unserem Gebiet in dieser Hinsicht recht fleißig. Der berühmteste unter ihnen, Yves Corlay, den man auch den bretonischen Michelangelo nannte, war Architekt und begabter Holzschnitzer. Geboren in Tréguier im Jahr 1700, erlernte er sein Metier von seinem Vater. Die Corlays waren seit Generationen Schreiner und Zimmerleute. Nach Beendigung der Ausbildung ging er wohl, wie üblich für diese Zunft, auf Wanderschaft, denn er scheint danach zeitweise in Brest und Saint-Servan gewohnt zu haben. Ihm zugeschrieben werden beispielsweise das Retabel des Hochaltars von Saint-Magloire de Châtelaudren, das noch erhalten ist, sowie einige Heiligenstatuetten derselben Kirche. Das Retabel des Altars *du Saint-Sacrement* der Kathedrale von Saint-Brieuc, das ursprünglich in einer Kapelle stand, gilt zu Recht als sein Meisterwerk.

Monumentale Prachtbauten

Die räumlichen Ausmaße der sakralen Architektur spiegeln die mittelalterliche Ständeordnung wider. Zwei monumentale Bauwerke sollen hier vorgestellt werden: die gotische Kathedrale und Klausur Saint-Tugdual in Tréguier und die Basilika Notre-Dame de Bon-Secour in Guingamp. Beide sind aus verschiedenen Gründen ausgesprochen imposant.

Der geographische Standort der verschlafenen Kleinstadt von Tréguier kommt in ihrem Namen, der so viel wie 'Dreiflüsse' bedeutet, zum Ausdruck. Die Stadt wuchs dank ihrer strategisch günstigen Lage um das dort bereits um 535 gegründete Kloster Saint-Tugdual und wurde in karolingischer Zeit (848) zum Bischofssitz erhoben. Erstmals erwähnt wurde ein Bischof im Jahr 859. Als Bistum umfasste es einst 109 Gemeinden, und es standen u. a. 31 *succurales*[25] und zwei Klöster unter seinem Einfluss. Die weitere Geschichte dieses Ortes verlief sehr wechselhaft. Etwa 880 wird er von

Wikingern überfallen, die die erste Kathedrale der Stadt, Saint-André, und viele Häuser zerstören. Die Kathedrale soll um das Jahr 970 wieder aufgebaut worden sein. Der romanische Tour Hasting stammt aus dem 12. Jahrhundert, so dass die These, er verdanke seinen fremd klingenden Namen einem Wikingerhäuptling, eher unwahrscheinlich erscheint. Auch später wird der Ort immer wieder belagert oder besetzt, 1346 beispielsweise von den Engländern, 1488 von den Franzosen.

Über den reizvollen Marktplatz mit seinen reich verzierten Bürgerhäusern aus der frühen Neuzeit nähert man sich der 75 m langen und 17,35 m breiten, aus Granit erbauten gotischen Kathedrale. Die Schlusssteine des Gewölbes(▶) befinden sich in 18 m Höhe. Strittig ist ihre Grundsteinlegung, doch geht man, wenngleich sicherere Belege erst für einen Zeitpunkt ab 1339 existieren, zumeist von einem Baubeginn um 1296 aus. Von diesem Jahr an dürften die Fundamente des Querhauses und Chors angelegt sowie der untere Mauerzugsbereich der ersten drei von insgesamt sieben Jochen des Hauptschiffes errichtet worden sein. Die restlichen vier gehören einer jüngeren Bauphase aus der zweiten Hälfte des 14. Jahrhunderts an. Der Fortgang der Bauarbeiten verlief auf Grund kriegerischer Auseinandersetzungen oft schleppend. Mitte des 14 Jahrhunderts wurden die Arbeiten von Richard du Poirier anscheinend wegen Übergriffen der Engländer unterbrochen, kamen aber im letzten Viertel des 14. Jahrhunderts wieder in Gang. 1445 wurden der Chor und das Querhaus fertiggestellt. Der Kreuzgang wurde Mitte des 15. Jahrhunderts begonnen und 1568 abgeschlossen.

Es stehen drei Glockentürme. Außer dem die älteste Bauphase repräsentierenden romanischen *Tour Hasting*, der in der Verlängerung des nördlichen Querhausschiffs gegenüber dem Eingangsportal steht, gibt es noch einen gotischen Turm, *du sanctus* genannt, über der Vierung und *la flèche* oder *tour neuve* (neuer Turm, 1772-1785) am letzten südlichen Joch des Querhauses. Die Kathedrale hat drei Vorhallen: Im Westen *le porche des lépreux* (nach den Leprakranken genannt), etwa zentral an der Südseite des südlichen Nebenschiffs *le porche du peuple* (...des einfachen Volkes), und an der südlichen Giebelseite des südlichen Querschiffs *le porche des cloches* (...der Glocken). Durch letztere lässt sich die Kathedrale am einfachsten vom Marktplatz aus betreten.

Das Hauptschiff ist siebenjochig, der Umgangschor dreijochig und polygonal abgeschlossen. Von dort aus sind insgesamt elf Nebenchöre zugänglich, von denen wiederum drei polygonale an der Apside liegen. Über dem Chor befindet sich ein prachtvolles triforium(◄), eine Galerie, die zum Gebäudeinneren hin geöffnet ist und ein Mittelgeschoss zwischen den Arkaden des Erdgeschosses und dem Obergaden mit seinen hohen Fenstern bildet. Es handelt sich hierbei um ein Stilelement, das u. a. zur Vermeidung einer sonst ungegliederten Fläche und zur plastischen Bereicherung beitrug und weniger einem praktischen Zweck diente.

Viele bedeutende Machthaber wurden in der Kathedrale beigesetzt. Zu diesem Zweck wurden zwischen 1420 und 1432 die letzten Joche des nördlichen Nebenschiffs auf Anlass des Herzogs Jean V zu seiner Grablege, *chapelle du duc* genannt, im Stil der *gothique flamboyant* umgebaut. Dadurch konnte er im Jahre 1450 an der Seite von St. Yves, der zuvor im Jahre 1303 an dieser Stelle beigesetzt wurde, ruhen. Das heute dort befindliche Denkmal im neugotischen Stil(►) stammt allerdings aus dem 19. Jahrhundert. Es ersetzt das vom Herzog erbaute, nachdem dies während der Revolution zerstört wurde.

Der Kreuzgang aus der zweiten Hälfte des 15. Jahrhunderts liegt nördlich des Chores. Er gehörte einst zum Bischofspalast, der aber ebenfalls der Revolution zum Opfer fiel. Betreten lässt sich dieser Bereich durch Entrichtung eines kleinen Obolus im Erdgeschoss des *Tour Hasting*. Nach dem Eintritt kann man hier zwischen den Grabsteinen einer Reihe von mittelalterlichen Adelsherren und Äbten(▼) spazieren, welche im 19. Jahrhundert aus den umliegenden Orten hierher überführt und aufgestellt wurden. Der Kreuzgang gilt als einer der am besten erhaltenen und prachtvollsten in ganz Frankreich. Als Ort der Andacht und *humilitas* errichtet, wurde er später an Markt- und Messetagen an Händler vermietet, die hier ihre Waren feilboten. Der Fußboden des Kreuzgangs aus quadratischen, mit Zementmörtel verfugten Natursteinplatten stellt eine eher unansehnliche Anpassung an die modernen sicherheits- und verkehrstechnischen Erfordernisse eines solchen von zahlreichen Besuchern frequentierten Ortes dar.

Die Basilika Notre-Dame de Bon-Secour in Guingamp zählt zu den am häufigsten besuchten Kirchendenkmälern der Côtes-d'Armor. Sie wird vor allem deshalb aufgesucht, weil sich hier eine der wenigen Schwarzen Madonnen Nordfrankreichs befindet. Darüber hinaus hat auch das im Inneren anzutreffende Strebewerk Seltenheitswert, und das im Jahr 1535 errichtete monumentale Renaissance-Doppelportal(◄) der westlichen Giebelwand gilt geradezu als Meisterwerk der sakralen Baukunst der Bretagne. Es ist mit Kreis- und Rautenmustern versehenen Pilastern, Verzierungen in Form einer Jakobsmuschel und Gewändefiguren, die wohl Jünger Jesu darstellen, geschmückt. Bei einem Besuch der Basilika sollte man durch dieses Portal eintreten. Auch wenn sie am einfachsten über eine enge Gasse von der Hauptstraße aus betreten werden kann, lohnt sich der längere Weg um das Gebäude, von Norden aus im Uhrzeigersinn. Denn so gewinnt man einen ersten Eindruck von der baugeschichtlichen Komplexität dieses seit dem 11. Jahrhundert in vielen Bauphasen vollzogenen Werks.

Die Nordfassade besitzt mehrere Giebel, ein Trend, der am Ende des Mittelalters in der Bretagne einsetzte, und ist trotz Umbauarbeiten im 19. Jahrhundert sehr einheitlich gestaltet. Dagegen wirkt die Südfassade auf Grund verschiedener Modifizierungen eher heterogen, aus bauhistorischer Sicht geradezu irritierend. Sichtbar werden hier Umgestaltungen der Renaissancezeit, die im Anschluss an das südliche Querhaus mit einem Teilverlust der gotischen Bausubstanz und Symmetrie einhergingen. Der Grundplan erscheint daher unregelmäßig. An der Westgiebelseite angekommen sieht man linker Hand den t*our de l´horloge* vom Ende des 13. Jahrhunderts, ein gotisches Bauwerk der ersten Stunde.

Ebenfalls herausragend ist das durch schmale Wendeltreppen im westlichen Vierungspfeiler zu erreichende *triforium*(◄) des Hauptschiffs. Auch wenn hier in der Regel kein Publikumsverkehr gestattet ist, können die reich verzierten Wandfliesen auch vom Erdgeschoss aus betrachtet werden. Die südliche Galerie ist während der Renaissance komplett neu gebaut worden, so dass dort Gotik und Renaissance kompromisslos aufeinander prallen.

Bauarchäologische Untersuchungen im Bereich der Vierung haben ergeben, dass die mit menschlichen und tierischen Köpfen verzierte gotische Vierungspfeiler vom Ende des 13.

Jahrhunderts(►▼) unter Beibehaltung von romanischem Mauerwerk aus der Zeit um 1100 errichtet wurden.

Wie allgemein üblich sind in den Seitenschiffen Altäre eingerichtet worden. Die *chapelle de Saint-Jacques* im Südwesten der Basilika diente den Stadtherren seit dem 14. Jahrhundert als Ort der Entscheidungen. Bei ihrem Umbau im 16. Jahrhundert wurde das Kreuzgewölbe, dessen Ansätze noch vorhanden sind, durch eine massive Kassettendecke ersetzt und die dadurch gewonnene Raumhöhe für die Einrichtung einer hohen Orgel genutzt. Die *chapelle des fonts baptismaux*(▼) aus dem 16. Jahrhundert besitzt eine im Mittelalter weitverbreitete Bodengestaltung aus gebrannten quadratischen Tonplatten im Schachbrettmuster.

Klosterbauten

Die Klöster, in denen sich das kulturelle Wissen der damaligen Zeit konzentrierte, waren seit der Konsolidierung des frühmittelalterlichen Europas in karolingischer Zeit durch reiche Schenkungen, Erbschaften und wirtschaftlichen Erfolg zu einem gesellschaftlichen Machtfaktor aufgestiegen. Sie blieben auch nach den Ordensreformen des 12. Jahrhunderts Orte von geistlicher Pracht. Eine wesentliche Rolle spielten in dieser Hinsicht seitdem vor allem die Zisterzienser, die in Rückbesinnung auf die Regeln des heiligen Benedikts wieder in der Hauptsache vom Ertrag ihrer eigenen Hände statt Versorgung durch die von ihnen abhängige Bevölkerung leben wollten. Sie erlangten schon bald einen herausragenden Ruf als Pioniere der Landwirtschaft, indem sie durch den Bau von technischen Einrichtungen und durch Rodungsmaßnahmen bis dahin noch überwiegend ungenutztes, schwer zugängliches Hinterland in fruchtbaren Boden verwandelten. Im Verlauf der Jahrhunderte entstanden in der Bretagne so viele weiträumige klösterliche Grundherrschaften. Die Zisterzienser gründeten im Jahr 1130 in Bégard eine Abtei. Die Augustiner bezogen im Jahre 1134 Sainte-Croix bei Guingamp. Bis 1211 entstanden so nach und nach durch diese beiden Orden sowie durch die Benediktiner insgesamt 27 neue Klöster in der Bretagne, wodurch auch die Baukunst wichtige Impulse erhielt.

Die meisten dieser Klosteranlagen haben sich aus verschiedenen Gründen baulich sehr verändert. Bescheidene Reste können südlich von Dinan im ehemaligen Kloster (Léhon), nahe Plénée-Jugon (Boquen) besichtigt werden. Man wird dort nur schwerlich einen Eindruck von ihrem ehemaligen Erscheinungsbild gewinnen. Ebenso sind viele der wesentlichen baulichen Einrichtungen (Kirche, Kreuzgang, Refektorium) der nahe Paimpol, im Tal von Kérity gelegenen Klosteranlage Beauport in ruinösem Zustand. Trotzdem gibt es in der Bretagne kaum ein Ensemble, in dem sich der Besucher ein besseres Bild vom ehemaligen Ordensleben machen könnte. Nach einer Fehlgründung auf der nahe gelegenen Insel Saint-Rion wurde das Kloster an diesem besser geeigneten Ort auf dem Festland im Jahre 1202 wiedergegründet und den Prämonstratenser gestiftet. Dieses erst 1120 durch Norbert von Xanten in Prémontré bei Laon gegründete Kanonikerorden wurde mit der Seelsorge der ländlichen Bevölkerung betraut.

Bei einem Besuch Beauports sollte man vor dem Betreten der Anlage zunächst einmal einen Rundgang um das Kloster machen. Der Weg führt entlang idyllischer Weiden mit Apfelbäumen über Salzwiesen – dem Meer von der Ordensgemeinschaft in mühevoller Arbeit abgetrotztes Land – und vorbei an Deichen. Der Obstgarten liegt unter dem Niveau des Meeresspiegels. Hier wird man am besten die Bedeutung des Klosterstandortes verstehen: Gelegen im Kreuzungspunkt von Meer, Wald, Feld und Wiese verhieß die von den Erosionskräften stets bedrohte Lage denjenigen, die sich diesen Herausforderungen stellten, den Ertrag mannigfaltiger Quellen. Eine große Rolle spielte vor allem der Fischreichtum des Meeres und der Flüsse. Damals wie heute wanderten Lachse den Fluss Leff hinauf zum Laichen, und auch Stör soll es in rauen Mengen gegeben haben. Auf den Salzwiesen wurden Schafe gehalten, deren Fleisch besonders begehrt war. Es ist in der Tat ein *lieu* admirable(▲).[26]

Die Kernzone erstreckte sich auf einem Areal von 60 Hektar. Insgesamt nahm die Grundherrschaft eine Fläche von 400 Hektar ein. Dem Kloster unterstanden zahlreiche Pfarreien, wo die Kanoniker die Messe lasen und seelsorgerische Aufgaben für bis zu

33.000 Menschen übernahmen. Seit 1239 besaß es das begehrte Recht der hohen und niederen Gerichtsbarkeit sowie weitere vom König verliehene Privilegien.

Abgaben wurden auf die land- und forstwirtschaftlichen Erzeugnisse dieses Gebiets sowie von den Fischern der nahe gelegenen Insel Bréhat erhoben und einige Mühlen betrieben. Außerdem mussten auf bestimmte in den Hafen von Paimpol eingeführte Naturalien (Salz, Holzkohle) und Edelfischsorten (Stör, Forelle), aber auch Delfine, Zölle abgeführt werden. 1420 wurde ein Taubenhaus errichtet. Solche und andere wirtschaftliche Aktivitäten, Befugnisse und Privilegien bildeten die finanzielle Grundlage für den klösterlichen Prunkbau.

Das Stiftergeschlecht Penthièvre besaß wegen seiner Treue zu Wilhelm dem Eroberer auch Ländereien in England, so dass sich das Klostergut von *bellus-portus* (Beauport oder Schöner Hafen) bis auf die Britischen Inseln erstreckte. Nicht zuletzt wegen dieser territorialen Verbundenheit mit dem englischen Festland dienten das Kloster und seine Reliquien auch als logischer Haltepunkt für angelsächsische Pilger auf dem Weg nach Santiago de Compostela oder Rom.

Der Grundplan der Abtei entspricht dem zeitgenössischen Norm. Die Standardisierung dieser Anlagen wird auf bestimmte Vorstellungen bezüglich eines idealen Klosterbezirks zurückgeführt, wie er z. B. im St. Galler Klosterplan, der zwischen 819 und 826 entstand, vorliegt. Als Kern des Komplexes gilt die Klausur, deren Kreuzgang mit Ausnahme von einigen Überresten der Arkatur der südlichen Galerie verschwunden ist. Die im Süden gelegene Abteikirche, von der heute nur noch die Außenmauern stehen, sowie weitere für das Überleben der klösterlichen Gemeinschaft essentielle Einrichtungen wurden wahrscheinlich zuerst gebaut. Einige Details, wie die in Form von menschlichen Köpfen ausgeführten Konsolen der Hängedienste(▲), bezeugen trotz des sonst beklagenswerten Zustands des Gebäudes - ohne Gewölbe, Dach und Nebenschiff - die einstige Eleganz der Kirche. Seite an Seite befinden sich hier die Grabplatten der Stifter: seigneur Kergozou und seiner Gemahlin(▶). Als sekundäres Strebewerk können einige an massiven Pfeilern lastende und über den Kreuzgang reichende Bögen entlang der nördlichen Fassade

betrachtet werden, vermutlich ein Sanierungsversuch. Das Dormitorium hat sich vermutlich im ersten Stock eines Seitenflügels befunden, von wo aus eine Treppe direkt in die Kirche führte.

In besserem Erhaltungszustand befinden sich die im östlichen Flügel der Klausur gelegene Sakristei, das Hospitium und der Kapitelsaal (▲). Vor allem Letztgenannter, der nach der Revolution als Stall genutzt wurde, ist von hohem kunsthistorischen Interesse. Hier wurde jeden Morgen um acht Uhr ein Kapitel aus der Bibel oder der Ordensregel gelesen. Man betritt diesen kreuzgewölbten Saal, dessen Boden mehr als 1 m unter das Niveau des Kreuzgangs reicht, durch ein Doppelportal (*entrée géminée*) und eine dahinter liegende Treppe. Zu seinem harmonischen Gesamtbild trägt vor allem die polygonale Apsis bei, während eine weitere Besonderheit des Raums, das Gewölbe stützende Hornkonsolen(►), an Wandlampen erinnern. Letztere fanden im späten Mittelalter eine weite Verbreitung und können auch in Deutschland, z. B. in den Zisterzienserklöstern von Arnsburg und Otterberg, besichtigt werden.

Vom Kapitelsaal führt der Weg weiter zum unterkellerten und daher deutlich höher liegenden Refektorium oder Speisesaal, das jedoch größtenteils zerstört ist. Durch die in der nördlichen Außenwand noch erhaltenen Rundbogenfenster(◄) genossen die Kanoniker hier beim Essen einen herrlichen Blick auf die zahlreichen Inseln der Bucht von Paimpol. Ihre Hände wuschen sie vor dem Betreten des Saals im *lavatorium* ('Waschbecken'), das vor dem Eingang in drei Nischen der westlichen Kreuzgang-Galerie angebracht war. Es ist fast vollständig erhalten.

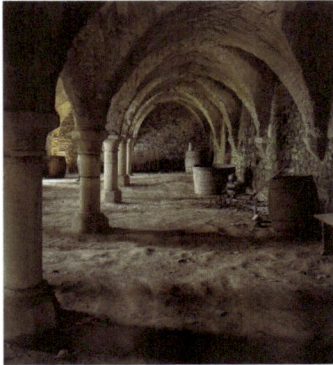

Unter dem Refektorium befindet sich ein großer Vorratsraum(◄), auch *cellarium* genannt. Sein Kreuzgratgewölbe ruht auf acht mächtigen Granitsäulen. Der Kellermeister hatte in der Klosterhierarchie eine herausgehobene Position inne. Zu seinen Aufgaben zählten u. a. die sachgerechte Lagerhaltung von Lebensmitteln sowie die Planung und Leitung der Lebensmittelherstellung oder -weiterverarbeitung. Eines der begehrtesten Güter, die hier gelagert wurden, war sicherlich der hervorragender bretonische Apfelwein. Das *cellarium* ist einer der wenigen Orte des Klosters, an denen man noch einen Eindruck von der ursprünglichen Bodenbefestigung gewinnen kann. Es handelt sich um einen traditionellen bretonischen Lehmfußboden, wie er in manchen Bauernhäusern noch in den 1980er Jahren zu finden war, und der im Lauf der Zeit durch Verschleiß recht holprig werden kann.

Das bâtiment au Duc(▲) steht im rechten Winkel zum Ostgiebel des Klausurflügels. Es fällt durch seine Stattlichkeit und Größe auf, weshalb man ihm lange eine Funktion als Gästehaus für die vielen Pilger unterstellte. Bei archäologischen Ausgrabungen traten in diesem Gebäude jedoch die Überreste einer Werkstatt mit Bronzeschmelzöfen zu Tage, die man ins 14. Jahrhundert datieren konnte. Die Lage an einem Wassergraben erinnert an die Schmiede in der Abtei von Fontenay in Burgund. Mit Wasserkraft könnte man die für die Metallbearbeitung notwendigen Blasebälge, Poch- und Hammermühlen betrieben haben.

Zwei überdimensionierte mehrere Meter breite offene Kamine stehen im Erdgeschoss. Ihre Stürze sind aus einzelnen ineinander verkeilten Werksteinelementen zusammengesetzt, die sogenannte *plate-bande*(▼), die der Schwerkraft zu widerstreben scheinen.

Die Grabungen im Kloster Beauport lieferten auch zahlreiche Fundstücke, von denen einige in der Eingangshalle des westlichen Klausurtraktes ausgestellt werden. Darunter befinden sich u. a. die Darstellung eines Menschenkopfes aus Stein, der aus der Klosterkirche stammen soll, sowie zweifarbige Bodenfliesen mit Abbildungen von Fischen, Greifen und *fleurs-de-lis*. Ebenso brachte eine Reihe von Rekonstruktionsmaßnahmen in den letzten Jahren viele architektonische Bauelemente zum Vorschein, die, wie so oft, sekundär verwendet wurden, z. B. zum Vermauern von Durchgängen. Dabei handelt es sich u. a. um verzierte Kapitelle, Schluss- und Profilsteine sowie um Fragmente von Bassreliefs(▼) bzw. mit Ritzzeichnungen versehene Steinplatten. Eine ehemalige Verwendung des Ausstellungsraumes dieser Objekte als Sakristei ist erst für das 17. Jahrhundert belegt. Die Raumfassung aus dieser Zeit wurde in Ausschnitten freigelegt.

Im Spätmittelalter mussten offensichtlich zahlreiche Befestigungsarbeiten zum Schutz der von den Erosionskräften der Gezeiten bedrohten Klosteranlage durchgeführt werden. So wurden z. B. Deiche errichtet, um die Gärten vor Überschwemmungen zu schützen. Solche und andere kostspielige Bautätigkeiten konnten jedoch leicht durch die oben erwähnten Einnahmequellen gedeckt werden.

Schon im 15. Jahrhundert zeichnete sich ein Phänomen ab, das überall in der Kirche und ihren Einrichtungen (man denke u. a. auch an das Papsttum jener Zeit), z. B. auch im zeitgenössischen Deutschland, zu beobachten war. Äbte setzten sich zunehmend räumlich und sozial von der übrigen Klostergemeinschaft ab, indem sie sich beispielsweise luxuriös eingerichtete, repräsentative Wohnstätten, sogenannte

Abtshäuser, errichten ließen. Auch Guillaume de Pommern, der damalige Abt von Beauport, erhielt so im Jahr 1530 seinen persönlichen Wohnkomplex einschließlich einer Reihe dazugehöriger Nebengebäude.

Seit dem Konkordat von Bologna im Jahr 1516 wurden die Äbte in Frankreich vom König ernannt, womit in der Folge eine zunehmende Profanisierung dieses Amtes einher ging. Die Äbte betrachteten die Klöster und die daraus zu erzielenden Einkünfte sehr bald als ihr persönliches Gut und entzogen ihnen dadurch nicht selten einen Großteil der finanziellen Mittel für ihre Bewirtschaftung. Teure Instandhaltungsmaßnahmen gerieten so allmählich ins Stocken und das Klostergut wurde nicht selten zur Begleichung von Schulden zerstückelt. Als der englische König Heinrich VIII sich 1534 von der katholischen Kirche abwandte und sich selbst zum höchsten Oberhaupt der Kirche von England erklärte, verlor die Abtei von Beauport schließlich ihre englischen Besitztümer. Eine Zäsur, die große Streitigkeiten zwischen den Kanonikern und Äbten heraufbeschwor.

Am Ende des 16. Jahrhunderts führte das Kloster nurmehr ein Schattendasein seiner selbst und die wenigen Kanoniker, die hier noch ausharrten, hatten die strengen Regeln des Ordens aus ihrem Alltag längst weitgehend verbannt. In einer Aufzeichnung des Seneschall[27] von Saint-Brieuc aus dem Jahr 1606 wird festgestellt, dass die Dächer zertrümmert, die Fenster zerbrochen, die Orgel defekt und die meisten Altäre umgestürzt waren. Zu einer vorübergehenden Phase der Erholung kam es noch einmal in der zweiten Hälfte des 17. Jahrhunderts unter dem einsichtigeren Abt Alexandre de La Roche-Foucaud, der in dieser Zeit sogar einige Restaurierungsarbeiten durchführen ließ. Schon bald wieder ausbrechende Konflikte zwischen Abt und Konvent führten aber schließlich dazu, dass Investitionen des Klosters von da an vorrangig nur noch unter dem Gesichtspunkt der Profitmaximierung getätigt wurden. So ließ der Prior Féger im Jahr 1750 z. B. einen neben dem Garten liegenden Teich trockenlegen und in eine Salzwiese umwandeln.

In den Jahrzehnten bis zur Revolution herrschten in dem zunehmend in Missgunst geratenen Kloster dann weitgehend unübersichtliche Verhältnisse. Die Äbte, wie auch die Adelshäuser, aus denen sie stammten, verloren immer mehr von ihrem einstigen Ansehen und die Abtei selbst stand 1789 kurz vor dem wirtschaftlichen Zusammenbruch. Nach der Revolution begann die Zeit der Besitzerwechsel, der Umfunktionierung und des Zerfalls. Zunächst standen die Gebäude leer, dann wurde der nutzbare Baubestand in buntem Wechsel u. a. zum Rathaus, zur Schule und zur Apfelweinkelterei umfunktioniert, bis sie 1992 schließlich vom *conservatoire du littoral,* dem Amt für Küstenschutz, erworben wurden.

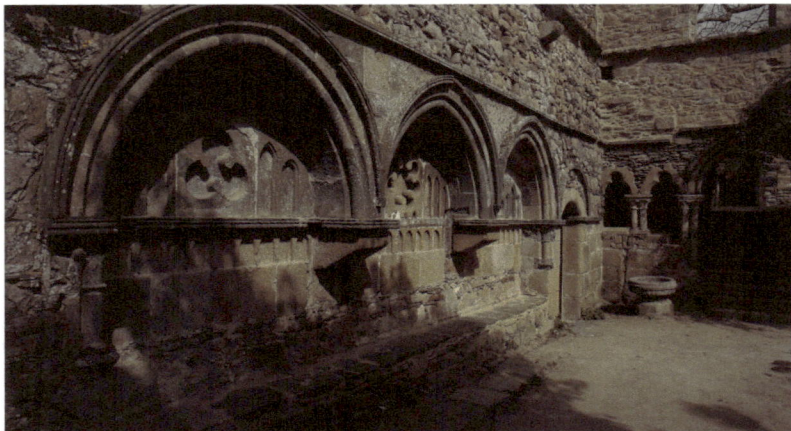

Kapellen und Kirchen

Die Bretagne ist vor allem für ihre Kapellen bekannt, weniger für die Kirchen. Zurückzuführen ist dies auf die noch bis in die frühe Neuzeit vorherrschende Siedlungsstruktur dieser Region, die von vielen verstreut liegenden Gehöften, Weilern und kleinen Fischerdörfern gekennzeichnet wurde und in Ermangelung eines eigentlichen Mittelpunkts die Errichtung von sonst den Ortskern prägenden Dorfkirchen wohl häufig unzweckmäßig erscheinen ließ bzw. entbehrlich machte. Stattdessen entwickelte sich hier die für die Bretagne typische Kapellenlandschaft, wie sie in solcher Dichte keine andere französische Region aufweist. Vor der Französischen Revolution existierten schätzungsweise 6400 Kapellen, von denen beinahe die Hälfte, nämlich rund 3000, noch heute stehen, und zwar überwiegend in der westlichen Haute-Bretagne, zu der die Côtes-d'Armor gehören. Eine Reihe von Gemeinden besaß bis zu vierzehn Kapellen, manche sogar noch mehr. Die Dorfkirchen als solche sind dagegen meist jüngeren Datums und oftmals nur von untergeordneter kunsthistorischer Bedeutung. Da die nachfolgend besprochenen kultischen Handlungen, beispielsweise in Bezug zu Wasser, Quellen und die Verehrung der Heiligen Maria beide Gattungen betreffen, werden stellenweise zur Verdeutlichung dieser Praktiken auch Kirchen genannt.

Die Kapellen lassen sich verschiedenen Typen zuweisen. Meine Einteilung erhebt dabei keinen Anspruch auf Vollständigkeit. Die Lage einer Kapelle, z. B. auf einer Anhöhe, am Meer, am Rande einer Gemeinde, an einem Pilgerweg oder an einer Quelle, liefert oft erste Hinweise auf ihre ursprüngliche Bedeutung.

Kapellen auf Anhöhen

Wer mit dem Auto oder per Bahn durch Europa reist, wird in mancher Gegend sicher einmal eine der kleinen Kapellen oder eines der zahlreichen Gipfelkreuze auf den Rücken der links und rechts der Wegstrecke vorbeigleitenden Höhenzüge und Bergketten wahrgenommen haben. Man denke z. B. auch an die monumentale Christusfigur auf dem Zuckerhut in Rio-de-Janeiro. Wo Gefahr droht, muss sie gebannt werden. Ein widerspenstiges Tier macht man gefügig, indem man es zähmt, einen gefahrvollen Ort, indem man ihn z. B. unter die Obhut eines Heiligen stellt. Im Christentum verstand man es, die Gipfel der Höhen zu besänftigen und die sich dort in Gefahr Wähnenden aus ihrer Furcht zu erlösen. Im himmlischen Raum, in der Nähe zu Gott, soll man seinen Schutz erbitten, heißt es in einem Manuskript des 10. Jahrhunderts. Gleich Zeus ist auch der christliche Gott der Herr(scher) im Himmel. Hochgelegene Orte sind folglich Plätze der Annäherung, an denen man zu allen Zeiten im Gebet die Nähe des Gottes suchte: So beispielsweise der auf einer Felsenkuppe gelegene Parthenontempel in Athen oder die auf dem Hügel von Montmartre errichtete Basilika Sacré Coeur in Paris. Auch die Begegnung von Gott und Moses fand, wie wir im 2. Buch Mose erfahren, auf dem Berg Sinai statt. Die besondere Bedeutung der Höhenlage liegt aber vor allem auch in der Möglichkeit, von dort aus mit Hilfe von Lichtsignalen kommunizieren zu können. Schon die Römer stellten bei der Namensgebung für hochgelegene Orte einen Zusammenhang mit dem Götterboten Merkur her. Im Christentum wiederum werden auf Anhöhen gelegene Gotteshäuser mit Vorliebe dem Erzengel Michael geweiht,[28] dem Schutzheiligen der Krieger, Kranken und Leidenden. Die Kapelle auf dem Ménéz Bré im Süden der Provinz Trégor hingegen steht unter dem Schutz des St. Hervé. Dieser von einem Hund oder Wolf begleitete blinde Eremit soll u. a. einem Knaben das Augenlicht zurück gegeben haben. Ein Bildnis zeigt seine auf der Schulter eines darnieder liegenden Kindes oder Jugendlichen namens Gwich´Haron ruhende Hand. Auch hier ist eine Verbindung zwischen dem Eremitendasein und der Höhenlage erkennbar, denn Anhöhen sind in der Regel eher abgeschiedene Orte und erfüllen daher eine wesentliche Bedingung für ein Leben als Eremit.

Kapellen der Seefahrer

Die Bretagne ist ein raues, von den Elementen Wind und Wasser beherrschtes Land am Meer, und rau aber herzlich sind auch seine Bewohner. Von hier liefen Fischerboote aus bis in die reichen Fischgründe vor den Küsten Islands und Neufundlands, und viele junge Männer, mein Vater eingeschlossen, gingen so zum *grande pêche a la morue* (auf großen Dorschfang). Auch wenn das Gerücht, Fischer aus Paimpol hätten Amerika lange vor Kolumbus entdeckt, mit Vorsicht zu genießen ist, so steht doch fest, dass das Meer schon immer einen tiefgreifenden Einfluss auf die Kultur und Mentalität der Menschen in der Bretagne ausgeübt hat. Es ist zugleich ein Segen und eine Bedrohung. Die Fischer blieben auf ihren Fangfahrten gewöhnlich mehr als ein halbes Jahr aus. Lange Wochen und Monate, in denen die Familien keinerlei Nachricht über sie erhielten. Zu ihrem Schutz und zu Trost und Andacht für die Daheimgebliebenen wurden daher viele Kapellen, *chapelles de marins* genannt, an der bretonischen Küste errichtet. In ihnen findet man zahlreiche Votivgaben, d. h. den Heiligen, z. B. für die Rettung aus einer Notlage, dargebrachte symbolische Opfer, die auch als materielle Zeugen eines Geschehnisses dienten. Sie wurden häufig mit dem schriftlichen Hinweis *ex voto*[29] versehen und an dem Ort niedergelegt, wo der Leidende Erlösung aus seiner Not suchte und seinen Dank ausdrücken wollte. Ihre Formen sind mannigfaltig: in den bretonischen Kapellen sind es vor allem Schiffsmodelle(▲).[30] Ein großer Teil von ihnen stammt aus der Neuzeit. Es kann kaum überraschen, dass diese Kapellen sehr oft der heiligen Maria geweiht sind, die ja bekanntlich aus jeder Notlage helfen soll. Auch in der häufigen Benennung der Fischerboote, *Ave Maria*, klingt so ihr Name in den bretonischen Häfen vielfach nach, was für jemand, der wie ich dieses Gebet als Kind eingebläut bekam, ganz natürlich und folgerichtig erscheinen muss.

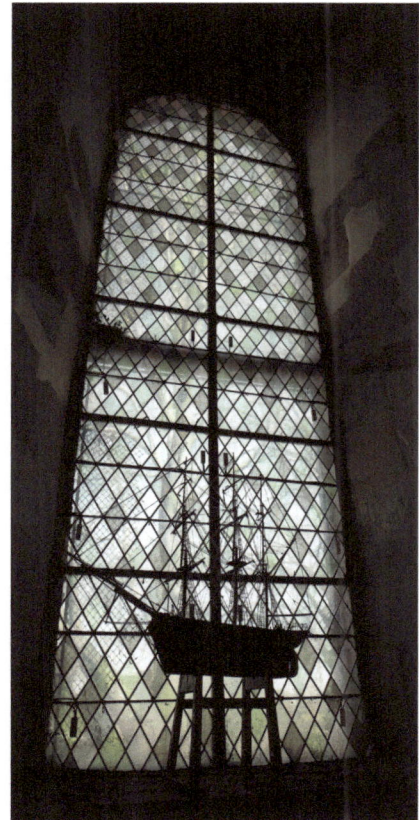

In den Côtes-d'Armor ist dieser Kapellentyp an folgenden Orten zu finden: Oberhalb der Steilklippen von Cap Fréhel, La chapelle du Vieux-Bourg-de-Fréhel; Kapelle von Notre-Dame-de-Port-blanc, halb in den Felsen versteckt, als ob sie sich vor dem Sturm schützen möchte; auf der Halbinsel Yaudet, die Kapelle des kleinen Hafens aus dem 15. Jahrhundert; die Kapelle von Sainte-Anne des Rochers von Trégastel.[31]

Chapelles tréviale

Ungefähr zwei Drittel der Kapellen des 17. Jahrhunderts sind sogenannte *chapelles tréviales,* die der Seelsorge von peripheren Gemeinden, den *trèves,* dienten. Zumeist waren dies abgelegene Weiler, denen eine gewisse Autonomie zugestanden wurde. Nach Abgabe eines Teils ihrer Einkünfte an die Muttergemeinde konnten dort in der Regel alle Sakramente gefeiert werden. Nur zu bestimmten Anlässen, wie z. B. der Ostermesse und Begräbnissen, war der Besuch der Mutterkirche zwingend vorgeschrieben.[32] Sie waren insofern ausgesprochen wichtig, als dass hier bis zur Entstehung der modernen Verwaltungsbehörden alle wesentlichen Angelegenheiten der Gemeinden geregelt wurden. In ihnen wurde Gericht gehalten, der Jahrmarkt eröffnet, über Politik und Kommerz gesprochen, gemeinsam gebetet, gefeiert und getrauert. Sie bildeten mithin das Herzstück der grundherrschaftlichen Gemeinde. In ihrem Umfeld fand auch die alljährliche *fête conviviale du pardon* statt. Bei diesen Feierlichkeiten, bei denen der jeweilige Schutzheilige[33] eine zentrale Rolle spielt,

versammelt sich die *trève* mit Angehörigen der Muttergemeinde und benachbarter Dörfer an ihrer Kapelle. Das ausgedehnte Ritual, durch das die Beteiligten unter Beihilfe der archaischen Urkräfte Feuer und Wasser von ihren Sünden gereinigt werden, soll in Verbindung mit dem sich daran anschließenden gemeinsamen Mahl das Gemeinschaftsgefühl stärken. Auch das Wasser der nahe gelegenen Brunnen wird zum Zweck der Seelenreinigung durch *ablutio* ('Waschung') herangezogen. Das *Pardon* ist in erster Linie zu verstehen als eine Versöhnung der Teilnehmer mit Gott und untereinander. Von besonderer Bedeutung sind die vor den Pilgern hergetragenen Prozessionsfahnen (*bannière patronale),* auf welchen man gelegentlich den Aufruf *pedet deomp,* betet mit uns, in der lange unterdrückten bretonischen Sprache lesen kann. Und auch die zeitweilig zu hörenden, durchdringenden Klänge des bretonischen Dudelsacks, *biniou kozh,* im Zusammenspiel mit einer Bombarde, eine hölzerne Schalmei, nehmen Bezug auf die bretonische Volkskultur. Heute wird diese Tradition zunehmend durch einen Karaokekünstler ersetzt.

Der Niedergang der *chapelles tréviales,* der schon im 17. Jahrhundert einsetzte, lässt sich vor allem auf die Umstrukturierung der Gemeinden mit Stärkung der Zuständigkeiten der Mutterkirche sowie auf den Laizismus der nachrevolutionären Ära zurückführen. Zudem erregten eigenwillige Verknüpfungen von christlichen und heidnischen Traditionen, wie sie in der Aufführung von Volkstänzen und in der Veranstaltung von Tierprozessionen deutlich werden, das Misstrauen der Amtskirche. Manches von diesem als rückständig angesehenen Brauchtums wurde von der Kirche bald sogar ausdrücklich untersagt, darunter das *Pardon* von Saint-Laurent-du-Pouldour en Plouégat-Moysan, bei dem die Gläubigen u. a. auf Knien den Friedhof umrundeten, sich das Gesicht unter einer Heiligenfigur mit den Händen einrieben, und die Männer vollkommen, die Frauen halb nackt im eisigen Wasser des Brunnens badeten. Als ihr endgültiger Todesstoß gilt schließlich das Gesetz über die Trennung von Kirche und Staat von 1905.[34] Hierdurch verloren die *chapelles tréviales* die für ihren Erhalt notwendigen finanziellen Quellen.

Private Kapellen

Weit verbreitet sind auch Privatkapellen, die auf grundherrschaftlichen Gütern (Domänen) selbst noch im 20. Jahrhundert errichtet wurden. Auf Burgen hingegen, wo sie gewissermaßen zu den grundlegenden Einrichtungen gezählt haben dürften, findet man wegen der vor allem in nachrevolutionärer Zeit grassierenden Zerstörungswut nur noch wenige Hinterlassenschaften. So z. B. in Tonquédec im Tal des Léguer: Hier befinden sich die Überreste einer der am besten erhaltenen mittelalterlichen Burgen der Bretagne, deren Restaurierung und Verwaltung einem privaten Verein anvertraut

wurden. Durch die Vorburg und das Haupttor führt der Weg zu der bis auf wenige Reste geschrumpften Burgkapelle(◄), die sich im ersten Geschoss befindet. Dort kann man einige bei Ausgrabungen in jüngster Zeit zu Tage geförderte Exponate besichtigen, darunter einen mit menschlichen Köpfen verzierten Granitstein, bei dem es sich vermutlich um den Überrest von einem Brunnenbecken handelt.[35]

Heilkapellen

Das Mittelalter war ein nach heutigen Maßstäben gemessenes Zeitalter unvorstellbaren Leiden. Die vielen Seuchen und verheerenden Kriegsereignisse, denen die Menschen mehr oder weniger schutzlos ausgeliefert waren, sind in zeitgenössischen Quellen hinlänglich dokumentiert und oft beschrieben worden. Eine Reihe von Krankheiten, die damals grassierten, gelten heute als gut heilbar, beispielsweise Lepra. Nicht selten kehrten Kreuzfahrer von Krankheit gezeichnet aus dem mittleren Osten zurück und schleppten auf diese Weise neue Krankheitserreger in die heimische Bevölkerung ein. Die Anzahl der Menschen, die dauerhaft unter Schmerzen, seelischen Qualen ihr Dasein fristeten, war im Vergleich zur Gegenwart ungleich größer. Kranke, insbesondere Menschen mit Entstellungen oder Geistesverwirrungen, wurden seit etwa Mitte des 12. Jahrhunderts zunehmend aus den Dörfern und Städten verdrängt bzw. in abseits der Siedlungen oder vor den Stadtmauern gelegenen Hospitälern oder Siechenhäusern behandelt, welche von geistlichen Orden wie den Antonitern oder Zisterziensern zuweilen auf Verlangen ihrer Lehnsherren gegründet wurden. Eine gewisse Vorbildfunktion übten hierbei zweifellos die Klöster aus, in denen dieses Zusammenwirken schon lange praktiziert wurde. Die architektonischen Besonderheiten von Kirche und Sterbesaal konnten dabei aufgehoben werden, da hier zugleich auch die Messe für die Kranken und Sterbenden gelesen wurde. Manchmal wurden den Hospitälern Kapellen für geistliche Pfleger hinzugefügt, die vermutlich auch von den nicht bettlägerigen Kranken besucht werden konnten.[36] In der Regel haben - wenn überhaupt - nur die Kapellen (beispielsweise Tressignaux und vielleicht auch Saint-Jacques), bzw. Kirchen, für die ein ehemaliger Standort in Verbindung mit Leprakolonien vermutet wird, solche architektonischen Symbiosen überlebt. Einige ehemalige Heilkapellen wurden als Folge dieser Entwicklung in der Neuzeit zu Gemeindekirchen umfunktioniert.

Dieses Mit- und Nebeneinander der körperlichen und rituellen Heilkomponente ergab sich zum einen aus der Begrenztheit der materiellen Heilmittel, zum anderen aus der tiefen Frömmigkeit der Bevölkerung im Hoch- und Spätmittelalter. Eine Religion wie das Christentum, die den Leidensweg des Erlösers stark in den Vordergrund stellt, ist in gewisser Weise maßgeschneidert für die seelischen Bedürfnisse dieser Epoche. Sowohl die christliche Symbolik als auch die Ikonographie sind in hohem Maße auf dieses Thema fixiert. Die Bedeutung, die den Kapellen im Rahmen der Linderung oder Behandlung von körperlichen und seelischen Leiden zukommt, ist vielfältig und soll an dieser Stelle wegen Überschneidungen mit den unten vorgestellten Pilgerkapellen nicht erschöpfend behandelt werden.

Ein nicht geringer Teil der Fürsorgetradition dürfte auf die karitative Tätigkeit des 1120 gegründeten Ritterordens der Templer, deren Anwesenheit in der Bretagne seit dem 12. Jahrhundert belegt ist, und der ihnen nachfolgenden Johanniter zurückgehen. Die Angehörigen dieser Orden kümmerten sich u. a. um Leprakranke, Pilger von den Britischen Inseln oder auch Schiffbrüchige. Sie werden gelegentlich in Verbindung gebracht mit einzelnen Bauten (beispielsweise in Lanleff, Saint-Jacques und Tressignaux). Nur selten lassen sich diese Annahmen jedoch durch handfeste Belege bestätigen. Im Falle von Runan, wo es eine Leprakolonie gegeben haben soll, befindet man sich auf sicherem Terrain, denn die Kirche Notre-Dame-de-Miséricorde gehörte seit dem 12. Jahrhundert den Tempelrittern und ging im Jahr 1312 in den Besitz der Johanniter über. Ihre reich verzierten Wappen schmücken drei Pfeiler des Chors.

Im Hinblick auf die Kapelle Saint-Antoine (14. Jahrhundert) in Tressignaux geht man davon aus, dass sie einst einem nahe gelegenen, inzwischen aber verschwundenen Hospital des im Jahre 1098 gegründeten Laienordens der Antoniter angegliedert war. Wie in Loc-Envel gibt es auch hier Fenster, die Leprakranken eine Teilhabe an der Messe ermöglicht haben sollen, ohne dass sie dazu das Gotteshaus selbst betreten mussten. Solche und ähnliche Einrichtungen waren einst weit verbreitet. Die Kathedrale von Tréguier verfügte z. B. über ein besonderes Eingangsportal für Leprakranke. Wegen ihrer Lage nahe der Pilgerroute *Tro-Breiz* (zwischen Tréguier und Saint-Brieuc) kommt für Saint-Antoine allerdings auch eine Verwendung als Pilgerkapelle in Frage. Bevor man dieses Denkmal durch eine unscheinbare Tür auf der Traufseite betritt, sollte man sich zunächst einmal das Portal auf der Giebelseite(▲) ansehen. Seine selbst in den Einzelheiten zu beobachtende Übereinstimmung mit dem Portal der schon erwähnten Basilika Notre-Dame de Bon-Secour in Guingamp lässt es wie eine Miniaturausführung desselben erscheinen. Einige Paneelen des Türblatts(►) befinden sich in Zweitverwendung – ein Detail, das am besten auf der Innenseite des Portals zu erkennen ist.

Beim Betreten der Kapelle fällt in Höhe des Übergangs von Hauptschiff und Chor ein reich geschmückter Balken mit fünf Heiligenfiguren ins Auge, in deren Mitte die Kreuzigungsszene dargestellt wird(◄). Es handelt sich hierbei um ein Prachtexemplar eines *trabes doxalis*[37] aus dem 16. Jahrhundert, dessen Schöpfer leider unbekannt ist. Die darin sich ausdrückende Vorstellung, die menschliche Würde triumphiere selbst noch in der extremen Situation seiner Hinrichtung - Jesus wird hier im Angesicht seines nahenden Todes wie auf dem Gipfel seiner Glorie abgebildet - wirkt auf den die Frömmigkeit dieses Zeitalters entbehrenden Betrachter recht makaber.

Die polychrom bemalten Holzfiguren des 16. Jahrhunderts im Inneren der Kapelle stellen u. a. den heiligen Nikolaus samt drei von ihm aus einem Salzfass geretteten Kinder dar, eine Legende, die bei den Seemännern beliebt waren. Eine weitere Figur in sitzender Position zeigt St. Antonius (251-356), an dessen Seite ein Schwein zu sehen ist. Er wurde angeblich über hundert Jahre alt. Über die Bedeutung seines tierischen Begleiters ist viel diskutiert worden. Auch wenn das Schwein vor allem als ein Symbol für die Verführbarkeit (des Menschen) gesehen wird, lässt es sich hier wohl eher in einen Zusammenhang mit dem oben genannten Antoniterorden stellen. Diese widmeten sich vornehmlich der Pflege und Behandlung der am sogenannten Antoniusfeuer Erkrankten, einer im Mittelalter in Europa weit verbreiteten, auch tödlich endenden Vergiftung durch Mutterkornpilze, mit denen das Getreide häufig verunreinigt war. Kraft päpstlichen und königlichen Privilegs durften die Brüder ihre Schweine, die Halsband und Glocke trugen - ein Detail, das sich auch an der Statue von Tressignaux findet - frei in den Straßen laufen lassen. Diese *porc vadrouilleurs* oder streunenden, man möchte fast sagen heiligen, Schweine, die sich quasi selbst um ihren Unterhalt kümmerten, sind in der Bretagne durchaus bezeugt. Gern gesehen waren sie freilich nicht, und noch heute sagt man von einem Bettler, er gehe von Haus zu Haus wie das Schwein des St. Antonius. Interessanterweise veränderte diese erst nach Gründung des Orden legalisierte Praxis rückwirkend das Ansehen des Heiligen. Von nun an wurden Schweine als seine getreuen Begleiter dargestellt und bis 1827 liefen sie frei durch die Straßen von Paris. In eben diesem Jahre wurde dann einmal die Enkelin des Königs Charles X von einem dieser Schweine umgestoßen, was die Republikaner in ihrer Schadenfreude zum Anlass nahmen, Komemorativkuchen in Form eines Schweins backen zu lassen.

Kapellen und Kirchen als Orte von Verehrung und Schutz

Inwieweit die Verbindung von Hospital und Kapelle im ländlichen Raum eine weit verbreitete Praxis war, lässt sich wegen der willkürlichen Erhaltungsbedingungen nicht sicher sagen. Allerdings gibt es viele Kapellen, für die ein nahe gelegenes Hospital weder vermutet noch bezeugt werden kann, so genannte *chapelles de dévotion*. Das Heilsversprechen dieser Kapellen war eine rein geistige Angelegenheit. Auch in ihnen wurden verschiedene Heiligenfiguren(◄) der 'Heilmenagerie' aufgestellt und von Kranken aufgesucht, um an ihrem Abbild in der Kapelle oder am nahe gelegenen Brunnen zu beten und um Erlösung von ihrem Leiden zu bitten. In gewisser Weise stellte hier eine vorgeblich monotheistische Religion ein vielfältiges Angebot von kultischen Unterdienern zur Verfügung, deren Arbeitsteilung an moderne Fachpraktiken erinnert. St. Tugen half beim Hundebiss, St. Adrien bei Verdauungsproblemen. Die heilige Jungfrau Maria wiederum wurde dank ihrer besonderen Erfahrung bei allen Problemen der Schwangerschaft 'zu Rate gezogen'. In einem Zeitalter, in dem die Sterblichkeitsrate bei Geburten, ungeachtet des durchaus guten Kenntnisstands der Hebammenkunst, hoch war, wollte man auf ihren zusätzlichen Beistand nicht gerne verzichten. Die große Anzahl von Kapellen, die dieser Heiligen gewidmet sind[38], kann in der Bretagne mit ihrer Tradition der Großfamilie kaum überraschen. Man trifft hier mitunter auf die skurrilsten Marienfiguren, wie z. B. plastische Darstellungen der Gottesmutter in liegender Position in Le Yaudet. In der ebenfalls dieser Schutzheiligen geweihten Kirche in Bulat-Pestivien spiegelt sich ihre besondere Wertschätzung in der großen Anzahl von Kinderdarstellungen wider, es dürften mehr als 35 sein. Zudem findet man dort auch einige Tiere, u. a. ein Elefant und eine Affe, im Kontext mit Kindern dargestellt.

Arbeitstiere sind das Kapital einer ländlicher Bevölkerung. Der Wohlstand ihres Besitzers hängt in gewisser Weise von ihrem Wohlergehen ab und es ist nicht verwunderlich, dass viele Kapellen in der Bretagne Heiligen gewidmet sind, die als

Beschützer von Arbeitstieren und Ernte galten: Alor, Antoine, Barbe, Corneli, Eloi, Envel, Gildas, Guy, Herbot, Hérve, Isidore, Nicodeme, Noyale und Salomon. In der Zeit nach den großen Pestepidemien des 14. Jahrhunderts wurden die dagegen schützenden Heiligen Sebastien und Adrien sehr beliebt. In Bulat-Pestivien, wo bis heute große Pferdemärkte stattfinden, werden diese Könige der Nutztiere bei den alljährlichen *Pardons* geradezu mit ins Geschehen einbezogen, denn diese spielen auch im Hinblick auf eine übersinnliche Vorsorge für Nutztiere eine gewisse Rolle. So sind Fälle bekannt, in denen Pferde das Wasser einer Fontäne trinken sollten oder an verschiedenen Körperteilen mit Wasser besprenkelt wurden.[39]

Kapellen und Kirchen an Wasserquellen

Die Kirchen und Kapellen der Côtes-d'Armor stehen vorzugsweise in der Nähe von Brunnen oder Quellen, wie schon oben am Beispiel der romanischen Kirche des Temple de Lanleff festgestellt wurde. In einem besonderen Fall scheint eine Kirche, Notre-Dame de Kerfot, sogar direkt über einer Quelle errichtet worden zu sein. Eine den Besuchern frei zugängliche Treppe neben dem Eingangsportal(▶) führt hier hinab in den Untergrund zum Wasser. Diese räumliche Nähe kommt nicht von ungefähr. Der Reinheit des Quellwassers wurde wegen der Seuchengefahr eine außerordentlich große Bedeutung zugemessen. Bei der Kapelle Saint-Antoine in Tressignaux steht der massive Granitbrunnen nur wenige Meter vom Eingangsportal entfernt. Auf die Bedeutung des Wassers für die Riten der verschiedenen *Pardons* wurde schon eingegangen. Dabei wird, wie auch in den Heilkapellen, auf die reinigenden und heilenden Kräfte des Wasser gesetzt. Eine Vorstellung, die zweifellos auch an vorchristliche, insbesondere keltische Traditionen anknüpft. Für die christlichen Sakramente hat es, etwa bei der Weihe und Taufe, inzwischen nur noch eine eher symbolische Bedeutung. Allerdings wird dem Trinken von Mineralwasser auch in unserer Zeit eine besondere, gesundheitsfördernde Qualität zugesprochen. Der Glaube an eine Heilwirkung auch bei äußerer Anwendung war früher allerdings viel weiter verbreitet als in unserer Zeit. Heute spielen übersinnliche Kräfte in dieser Hinsicht eine eher untergeordnete Rolle. Wer auf letzteres nicht verzichten möchte, der muss wie unzählige andere Pilger z. B. nach Lourdes reisen, wo die quasi industrielle Abfertigung von tausenden und abertausenden kranken Menschen durch die Heilkräfte dieses sehr schwefelhaltigen Wassers ein lukratives Geschäft geworden ist. In früheren Zeiten geschah im Grunde das gleiche an jeder Straßenecke. Stellvertretend für viele weitere Quellbecken soll hier dasjenige von Tréméven genannt werden. Der Ortsname leitet sich etymologisch von

dem Heiligen ab, dem es geweiht ist: Saint-Méen. Er war für die Heilung der Schuppenflechte zuständig. Man wird davon ausgehen können, dass Kranke zu solchen Quellorten Pilgerfahrten unternahmen und folglich die Quelle den Standort der mit ihr verbundenen Kapelle bestimmte. Da das Quellwasser in der Regel nicht an Bergkuppen sondern in Abhängigkeit von der unterschiedlichen Durchlässigkeit der Gesteinsschichten an tiefer liegenden Stellen entspringt, sind solche Einrichtungen eher am Hang oder im Talgrund gelegen.

Fünf kleinere Quellbecken, die fontaines de Clerin(◄), liegen nahe der Kapelle Notre-Dame bei dem Ort Saint-Clet. Ebenso scheint für die Kirche Notre-Dame in Bulat-Pestivien die Nähe zu Wasserquellen ein wichtiger Standortvorteil gewesen zu sein. Quellbecken findet man aber auch an entlegeneren Orten, z. B. am Straßenrand abseits von Kapellen. Die meisten haben einen weitgehend standardisierten rechteckigen Grundplan(►). Das aus der Schmalseite mit Nische für eine Heiligenfigur sprudelnde Wasser fließt durch das Bassin, manchmal durch einen Rinnstein oder Ähnliches, und sammelt sich dann in verschiedenen in den Boden eingelassenen Strukturen. Sie dienten zuweilen als Rastort für Kaufleute, Pilger, Bauern und ihre mitgeführten Tiere. Oft gibt es hier Sitzbänke aus Stein.

Pilgerkapellen

Die *Tro-Breizh* oder *-Breiz,* was so viel wie Bretagnetour heißt, zählte einst zu den größten katholischen Wallfahrt-Pflichtübungen in der Bretagne.[40] Strenggläubige Katholiken nahmen sich vor, mindestens einmal im Leben daran teilzunehmen, und erhofften sich davon die Vergebung ihrer Sünden. Die erste *Tro-Breiz* fand im zwölften Jahrhundert statt. Sie führte die Pilger auf einer kreisförmigen Route zu den sieben Kathedralen des Herzogs Nominoë (826-851), in denen die Reliquien der sieben Gründerheiligen[41] – Samson, Patern, Corentin, Pol-Aurélian, Tugdual, Brioc und Maclow – der bretonischen Bistümer aufbewahrt wurden. Diese stammten laut bretonischer Tradition z. T. aus Cornwall oder Wales und sollen im 6. Jahrhundert in die Bretagne übergesiedelt sein. Zwei von ihnen befinden sich in den Côtes-d'Armor: Die Grablege von St. Tugdual in der Kathedrale von Tréguier, von der bereits die Rede war, und eine Reliquie von St. Brioc in der Kathedrale Saint-Étienne de Saint-Brieuc. Seit dem 17. Jahrhundert ist der leidvolle Weg der *Tro-Breiz* bis in die jüngste Zeit in Vergessenheit geraten. Sündenerlass und Nachempfinden des Leidenswegs auf der Pilgerfahrt zu den Heilquellen sind heute keine Pflichtübung mehr.

Viele am Wegrand gelegene Kapellen wurden von Pilgern und Reisenden als Rastplätze genutzt. Manche sollen mit einem Kamin ausgestattet gewesen sein, an dem man sich aufwärmen, seine Kleidung trocknen oder eine Suppe kochen konnte. Sie dienten damit sowohl seelischen als auch körperlichen Bedürfnissen.

Die aus dem 16. Jahrhundert stammende Kapelle Saint-Jacques(▲) in der Gemeinde Tréméven gilt als eine der bedeutendsten dieser Art. Sie bildet mit dem nahe gelegenen Kalvarienberg und dem Quellbecken mit Statue des heiligen Jakob einen Denkmalkomplex von überregionaler Bedeutung.

Eine *fontaine miraculeuse* stellt ein zentrales kulturelles Element des mittelalterlichen Jahrmarktes wie auch der Wallfahrt dar. So wurden dem 'Wunderbrunnen' von Saint-Jacques(▲) geradezu magische Kräfte für die Heilung von rheumatischen Beschwerden zugesprochen und auch gegen Sprachstörungen von Kindern soll sich sein Wasser als sehr hilfreich erwiesen haben. Ein Rinnstein leitet das Quellwasser weiter in ein zweites Becken, in dem die Pilger z. B. ihre verstaubten Kleider waschen (*lavandière/lavoir*) oder einfach nur ihre nach einem langen Marsch wunden Füße kühlen konnten. In einer Nische ruhend, auf einen Stab zu seiner Rechten gestützt, wacht als Pilger St. Jacques selbst über das Geschehen(▼). Er trägt einen Mantel und einen breitkrempigen Hut,[42] sein Schulterriemen ist mit Muscheln bestückt und seine linke Hand liegt auf einem Buch, das ihn als Prediger des Evangeliums ausweist. Er ist

sowohl Pilger als auch Apostel. Seine sitzende Haltung entspricht der im Spätmittelalter weit verbreiteten Vorstellung dieses Heiligen und findet ihr Gegenstück in seiner Darstellung auf dem Hochaltar des Heiligtums von Compostela. Es gibt in Frankreich noch 35 ähnliche Figuren, die man überwiegend im Norden des Landes findet. Die seltene spätmittelalterliche Steinmetzarbeit ist gefertigt aus Kersantit, einem Vulkangestein aus Kersanton bei Brest, das wohl in der Hauptsache auf dem Wasserweg nach Tréméven gelangte. Die Ateliers von Folgoët spezialisierten sich seit 1430 auf die Bearbeitung dieses Gesteins, das sich dank seines hohen Wassergehalts und seiner Feinkörnigkeit im Gegensatz zum groben Granit der Kapellen hervorragend bearbeiten ließ, insbesondere auch eine glatte Oberflächenbearbeitung ermöglichte und daher vor allem zur Anfertigung von Statuetten benutzt wurde. Es wird sehr hart und widerstandsfähig. Seine schwarz-graue Farbe hat den einen oder anderen Steinmetz wohl dazu bewogen, sie zu bemalen: auf der Figur von St. Jacques sind Reste von Rot und Ocker nachgewiesen worden.

Kalvarienberge mit Darstellungen von Personen findet man westlich einer gedachten Linie zwischen Tréguier und Rostrennen. Eine Ausnahme davon bilden nur die von Saint-Jaques bei Tréméven(▶) und Notre-Dame-du-Paradis bei Pommerit-le-Vicomte. Sie sind im Allgemeinen schwer datierbar, werden aber überwiegend dem 16. Jahrhundert zugeordnet. Urkundlich erwähnt wurde der Kalvarienberg von Saint-Jacques in einem Diplom des Jahres 1685. Die Wappen des Stiftergeschlechts sind auch hier stark beschädigt. Auf einem polygonalen Sockel lagert ein der Straße zugekehrtes Flachrelief aus Granit im gotischen Stil. Es zeigt die Grablegung Christi.

Der Grundplan der Kapelle ist rechteckig und einschiffig ohne Apsis. Ungeklärt bleibt der Ursprung eines massiven Pfeilers vor der Südwand, an der Schwelle zum Chor, der heute keinerlei statische Funktion mehr besitzt. Es handelt sich offenbar um das Relikt einer ansonsten unbelegten früheren Bauphase. Auch darüber hinaus bleibt im Hinblick auf die Baugeschichte dieses Denkmalkomplexes einiges im Dunkel. Weder das Gründungsdatum noch genaue Angaben zu den Stiftern der Kapelle sind bekannt. In Frage kommen jedoch vor allem das schon erwähnte Prämonstratenserkloster Beauport und dessen mutmaßliche Stifterfamilie, die Herren von Coëtmen. So ziert z. B. das Wappen dieses Adelsgeschlechts den Sockel, auf dem St. Jacques sitzt, was auf Grund von Beschädigungen heute freilich kaum mehr zu erkennen ist. Auch stand deren inzwischen weitgehend geschliffene Burg, von der schon eingangs die Rede war, nicht weit von dieser Stelle. Die Auswertung bauhistorischer Merkmale deutet auf eine Entstehungszeit der Kapelle vor 1450 hin. Spätere Umbauten, die wie so oft an bretonischen Kapellen durch Inschriften datiert sind, lassen sich an mindestens drei Fassaden feststellen, u. a. als Aufstockung der Traufwände.

Ebenso wenig lässt sich eindeutig klären, ob die Kapelle Saint-Jacques de Tréméven eine wesentliche Zwischenstation auf dem Jakobsweg nach Santiago de Compostella war, denn auf historischen Pilgerkarten ist sie nicht verzeichnet. Eine solche Einbindung ist auch nicht zwingend anzunehmen, da Heilquellen, wie bereits bemerkt, Pilgerziele an sich darstellten. Es bleibt nur noch zu vermerken dass trotz spärlicher namenkundlicher Hinweise auf die Anwesenheit von Mönchen in der Gemeinde Tréméven der Nachweis eines an die Kapelle angeschlossenen ehemaligen Hospitals fehlt. Dennoch bleibt gerade diese Auslegung attraktiv, weil die Mitglieder des Kultes des St. Jacques bekanntlich ein enges Verhältnis zu den Rittern des Johanniterordens aufwiesen. Der von diesen betriebene Reliquienhandel stellte eine wichtige Einnahmequelle dar. Ob es aber eine Jakobsreliquie in Saint-Jaques de Tréméven gab, ist einmal mehr nicht bekannt.[43]

Die Südfassade der Kapelle wirkt unsymmetrisch und daher wenig harmonisch: sie besitzt große Fenster über kleinen Türen und umgekehrt. Während die Türen von West nach Ost an Größe abnehmen, nimmt die der Fenster zu. Diese dem Besucher zugewandte Seite weist dennoch mehr architektonische Garnierung auf als die abgewandte Nordfassade. Die zwei zentralen Stützpfeiler mit pyramidalem wie auch der südöstliche Eckpfeiler mit fialem Abschluss beherbergen reich verzierte Baldachine (*niche à dais*), deren Heiligenfiguren längst verschollen sind, und gliedern die Fassade in drei gleich große Flächen. Wie einige am Mauerwerk ablesbare Details des westlichen Abschnitts zeigen, dürfte dieser Teil des Gebäudes eine ältere Bauphase repräsentieren. Der augenfällige Überfluss an Eingängen mag ein Indiz für den einst vielleicht besonders großen Pilgerzustrom der Kapelle sein. Das Doppelportal an der Westseite der

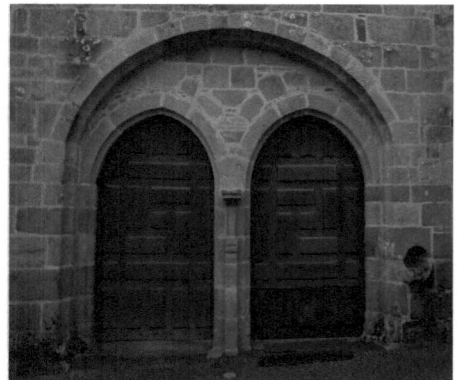

Südfassade(▶), das ähnlich wie bei der Abtei Saint Pierre in Moissac oder der Basilika Sainte-Marie-Madeleine in Vézelay deutliche romanische Züge aufweist, war, wie schon bemerkt, ein sehr langlebiges Merkmal des Sakralbaus in der Bretagne. Es dürfte sich

um eine ursprüngliche Einrichtung handeln, denn auf der westlichen Giebelseite gibt es keinen Eingang. Die linke Tür dieses Portals war zugemauert und wurde erst um 1959/60 wieder freigelegt. Vor allem gotische, aber auch einige für die Renaissance typische Merkmale kennzeichnen dagegen das zentrale Portal, dessen Inschrift das Datum 1542 trägt. Von den drei überdimensionierten Fenstern, die durch aufgesetzte Gauben über die Traufkante hinausragen, ist das mittlere in Relation zu dem darunter befindlichen zentralen Portal leicht versetzt. Das Fehlen eines Gurtgesimses im westlichen Drittel der Fassade deutet auf eine im Mauerwerksgefüge sonst kaum wahrnehmbare Baunaht hin. Dieser Teil der Kapelle einschließlich des Doppelportals und des darüber befindlichen Maßwerkfensters im Stil der *gothique rayonnant* gilt als

der älteste. Das mittlere Fenster, das den Chor beleuchtet, kann dagegen der nachfolgenden Stilsprache der *gothique flamboyant* zugeordnet werden. Mit etwas Phantasie kann man hier im oberen Bereich eine aus drei Scheiben zusammengesetzte, stilisierte Lilie erkennen - ein Motiv, das sich mit Sicherheit in die Zeit nach 1508-10 datieren lässt. Es soll die von der bretonischen Obrigkeit geschworene Treue zur französische Krone symbolisieren und hat wie durch ein Wunder rund 500 Jahre während Unabhängigkeitsbestrebungen unbeschadet überstanden. Die kleine Tür rechts, d.h. auf der Ostseite der Südfassade, wurde um 1959 erneuert, wobei das wahrscheinlich von der früheren Tür oder einem Möbel herrührende Türblatt mit Darstellung einer weiblichen Person - vermutlich die Jungfrau Maria(▲) oder eine andere Heilige - in die neue Tür eingearbeitet wurde. Die Figur mit offenbar himmelwärts erhobenen Armen wird von zwei Pilastern mit Giebeln im Flachrelief umrahmt, über denen sich eine Jakobsmuschel befindet.

Die nördliche, dem Besucherverkehr abgewandte Seite der Kapelle ist heute komplett geschlossen und besitzt weder Eingänge noch Fenster. In Höhe des Chors ist eine frühere Wandöffnung mit Spitzbogen(►) zu erkennen, die offensichtlich auf einen rechtwinklig vom Hauptschiff nach Norden abknickenden Querbau zurück geht, der nach 1838 abgerissenen wurde. Die Möglichkeit einer ehemaligen Zweigeschossigkeit dieses Querbaues entsprechend Kermaria-an-Iskuit, lässt sich am Mauerwerk der Nordfassade nicht ablesen. Man wird vielmehr von einem

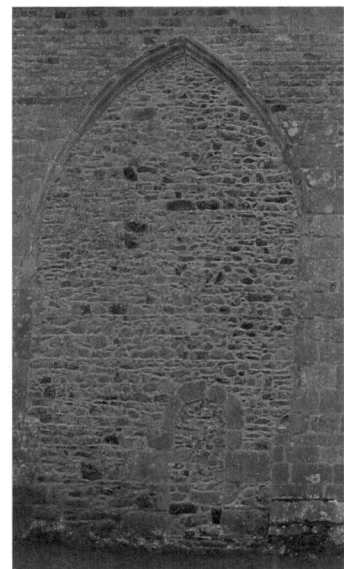

eingeschossigen Bau ausgehen müssen. Das heißt, der Übergang zum Chor war ursprünglich offen, wurde später aber durch eine eingezogene Wand, in der eine Türöffnung belassen wurde, von ihm getrennt. Zwei in Höhe der Zugsetzung stehende und mittlerweile freigelegte Konsolen in Form von menschlichen Gesichtern dürften in einem baulichen Zusammenhang mit dem Anbau gestanden haben. Sie lassen sich anhand baustilistischer Merkmale ins 15. Jahrhundert datieren.

Eine sekundäre Aufstockung der Nordhälfte der Kapelle lässt sich an der unterschiedlichen Beschaffenheit des Mauerwerks der Nordfassade wie auch an der Asymmetrie der westlichen Giebelseite ablesen. Die Errichtung des Anbaus erfolgte nach baustratigraphischen Einblicken erst im Anschluss an diese Erhöhung. Das macht ihn zu einem Teil des sekundären Inventars dieses Denkmals.

Über Ursprung und Funktion dieses ehemaligen Gebäudeteils lässt sich mangels Auskunft gebender Zeugnisse oder auswertbarer archäologischer Untersuchungen nur spekulieren. Naheliegend erscheint z. B. ein Zusammenhang mit einer einst nördlich der Kapelle gelegenen Klausur des Johanniterordens.[44] Dort soll sich ein privater Nebenchor der Herren von Coëtmen befunden haben, entsprechend der *chapelle privative v*on Notre-Dame-du-Tertre in Châtelaudren. Eine Karte aus dem Jahr 1838 deutet auf einen nur etwa 3 m langen Anbau hin. In Frage kommt auch eine Funktion im Zusammenhang mit der Ausübung der hohen Gerichtsbarkeit. Die Nutzung solcher Kapellenanbauten als Gerichtsstätte ist in den Côtes-d'Armor durchaus bekannt, man denke z. B. an die nahe gelegene Kapelle von Kermaria-an-Iskuit, wo sich ein Auditorium über der Vorhalle des Hauptportals befand. Schließlich lässt sich auch eine Verwendung dieses Anbaus im Zusammenhang mit dem damaligen Messebetrieb denken. Auch wenn uns eine solche räumliche Nähe zwischen Kapelle und Kommerz inzwischen eher befremdlich erscheinen mag, war sie im ausgehenden Mittelalter durchaus bekannt, wie viele Zeugnisse, u. a. auch aus dem deutschsprachigen Raum, bestätigen. Eine sekundäre Nutzung als Sakristei, nach deren Abtrennung vom Chor, wäre ebenfalls denkbar, denn ein den Haupteingang eines Bauernhauses im benachbarten Dorf zierendes gotisches Portal soll nach Aussagen der Dorfbewohner aus der Sakristei der Kapelle Saint-Jaques de Tréméven stammen.

Man findet in der Kapelle heute noch vierzehn Heiligenfiguren von teils hoher kunsthistorischer Bedeutung, die folglich den denkmalrechtlichen Schutz für besonders erhaltenswerte Kulturgüter genießen. Drei weitere Figuren, nämlich die von St. Vierge, St. Jean évangéliste de Calvaire und St. Véronique, sind verschollen. Einige von ihnen können mit den Messen und z. T. untergegangenen Berufen der vergangenen Jahrhunderte in Verbindung gebracht werden: St. Éloi, als der Schutzheilige der

Hufschmiede und Pferde; St. Nicolas für die Metzger, Böttcher und Weinhändler; St. Roch, als Schützer des Viehs; St. Véronique für die Tuchhändler. St. Jacques, der über die Pilger, Reisenden und Ritter wacht, hatte darüber hinaus auch eine gewisse Bedeutung für die Hutmacher, Drogisten und Apfelbauern, eine um den Ort Saint-Jacques einst recht bedeutende Einnahmequelle.

Im Lauf der Jahrhunderte entwickelte sich um diesem Kultplatz ein wichtiges Wirtschaftszentrum. Ein Wochenmarkt sowie verschiedene Jahrmärkte, die unmittelbar nördlich der Kapelle abgehalten wurden, sind bis in die 1960er Jahre belegt. Wegen dieser kommerziellen Bedeutung wurde der Ort von Zeitgenossen daher zuweilen auch als Stadt bezeichnet. Da er allerdings keine Stadtrechte besaß, wird man eher von einer Minderstadt oder einem Marktdorf ausgehen dürfen. Die Messen, bei denen der Pferdetausch eine große Rolle spielte, fingen mit einer Segnung in der nahe gelegenen Kapelle an. Heute dient sie regelmäßig als Konzertsaal, denn die Kommune von Tréméven weist eine der höchsten Konzentrationen von professionellen Musikern, im Übrigen auch einige der besten, in ganz Frankreich auf.

Architektur und Aberglaube

Wie die Erörterungen zu den verschiedenen Kapellentypen zeigen, sind alle diese Bauwerke ein Spiegel sowohl der tiefgreifenden Frömmigkeit als auch der grundlegenden Herrschafts- und Machtverhältnisse des Mittelalters, die in diesem Zeitalter der Schicksalswillkür als zentrale Anlaufstellen zur Stillung der Sehnsucht nach geistiger und weltlicher Orientierung wie auch nach Fürsorge und Erlösung von körperlichem und seelischem Leid dienten. Es waren darüber hinaus Stätten, an denen archaische Vorstellungen stets von Neuem an die Oberfläche drängten, ihren Einfluss auf die Gestaltung geltend machten und so die Eigenart des bretonischen Geistes hervorhoben. Für Menschen, denen die Regeln des Aberglaubens nicht aus erster Hand beigebracht wurden - bei uns Zuhause wurde beispielsweise die Farbe Grün, da angeblich ein Unglück heraufbeschwörend, konsequent vermieden - empfiehlt sich ein Blick in einen der populärwissenschaftlichen Berichte zu diesem Thema.[45] Danach sollte deutlich sein, dass die Welt der Erbauer der bretonischen Kapellen noch bis in die intimsten Winkel ihrer Wohnstätten beseelt war. Man kann davon ausgehen, dass sämtliche Gebäude und deren technische Einrichtungen im Mittelalter auf kultische Weise, z. B. durch das Aufstellen einer Heiligenfigur oder eines umgekehrten Besens in einer Nische, 'geschützt' wurden.

Das Fortleben älterer Traditionen im christlichen Glauben spiegelt sich auch in der überall in der Bretagne zu beobachtenden Wahl der Standorte von Kapellen und

Kirchen wider, die nicht selten in unmittelbarer Nachbarschaft zu oder gar in einem baulichen Zusammenhang mit vorchristlichen Kultstätten errichtet wurden. Zu Beginn des 19. Jahrhunderts sollen sich in Finistère z. B. 70 Kapellen in der Nähe von Megalithen befunden haben. Im Haut Lèon ist dieses Phänomen sogar so weit verbreitet, dass eine besondere Touristenattraktion eingerichtet werden konnte, der so genannte *circuit des stèles.* Ähnliches gilt auch für die Côtes-d'Armor, nachfolgend die wichtigsten Eckdaten: Die Kapelle Saint-Samson in Pleumeur-Bodou steht nahe an einem Menhir. Eine weitere Stele befindet sich bei der Kapelle Saint-Nicola in Camlez

(Trégor). Beide Kapellen wurden mit der Förderung von Fruchtbarkeit und Linderung von Schmerzen in Zusammenhang gebracht. Die Kapelle Saint-Jedoce bei Yvias(◄) ist anscheinend auf einem Tumulus erbaut worden, der einen prähistorischen Dolmen bedeckt, entsprechend der berühmten Kapelle Saint-Michel in Carnac (Morbihan) oder la Hougue Bie in Jersey.

Auch die Kapelle Sept-Saints (Vieux-Marché, Trégor) wurde in einem bewussten Kontext mit einer prähistorischen Struktur erbaut. Ihr Querhaus(◄) überlagert einen als Krypta dienenden Dolmen, dessen Deckstein 4,40 m breit ist. Den Eingang erreicht man über eine Treppe von außen. Obwohl die Kapelle relativ jung ist, verleiht ihr die Einbeziehung dieses prähistorischen Monuments in ihren Grundplan eine archaische Aura und liefert die passende Kulisse für die darin aufbewahrten sieben Heiligenfiguren(◄). Sollte es sich dabei, wie allgemein angenommen, um die *Sieben Schläfer von Ephesus* handeln, dann hat man es hier wohl mit einem weiteren Nachweis für die ebenso eigenartige wie phantasievolle Rezeption des christlichen Glaubens durch die Bretonen zu tun.

Die Zahl Sieben hat in der Bretagne auch darüber hinaus eine besondere Bedeutung und taucht im Zusammenhang mit christlichen Denkmälern immer wieder auf.[46] Für die Côtes-d'Armor sind so noch zwei erhaltene Quellbecken in Bulat-Pestivien und Yffiniac erwähnenswert, die jeweils sieben Nischen zur Aufnahme von Heiligenfiguren besitzen. Während die Identität der verschollenen Heiligenfiguren der 1683 gebauten Fontaine des Sept-Saints (Bulat-Pestivien, ▶) unklar bleibt,[47] sind die Figuren des Brunnens von Yffiniac bekannt: Es handelt sich um die Heiligen Tugdual, Lubin, Cadoc, Armel, Méen, Guénolé, und Jacut. Dieses Quellbecken soll zur Erinnerung an sieben von ihrem Vater ermordete Brüder erbaut worden sein.

Die Kunst des Gebärens und Sterbens

Wie in einigen anderen Regionen Europas, man denke z. B. an Hallstatt in Österreich oder Mělník in Tschechien, wurden in der Bretagne nach Ablauf einer bestimmten Frist die Knochen verstorbener Gemeindemitglieder in eigens dafür vorgesehenen Räumen, den so genannten Beinhäusern, zur Schau gestellt. Die in dieser Sitte zum Ausdruck kommende Unbefangenheit gegenüber den Toten reicht wahrscheinlich zurück bis in die Steinzeit, für die Archäologen ähnliche Praktiken, z. B. im Kontext mit Megalithbauten, nachgewiesen haben. Sie deutet aber auch auf die einst noch viel stärker ausgeprägte Ehrfurcht vor den Ahnen zurück, deren Anwesenheit über den Tod hinaus als gegeben angenommen und folglich im Tagesablauf berücksichtigt wurde. Vor dem Kochen betete man z. B. mit den Verstorbenen und wenn man das Haus für längere Zeit verließ, dann bestückte man das Feuer und stellte ihnen einige Crêpes bereit. Die Gemeinschaft umfasste die Lebenden und die Toten.

Nach dem Motto *hope for the best, expect the worst* bereitete sich der Bretone geradezu schicksalsergeben auf den Fall vor, da alles Beten und Bitten nichts mehr nützen und seine Zeit einmal abgelaufen sein würde. Traditionell spielte dabei die Figur des *Ankou,* der etwa dem *grimm reaper* der angelsächsischen Volkskultur entspricht, eine wichtige Rolle, auch in der sakralen Baukunst. Das Verhältnis zu ihm ist sehr komplex. Er ist nicht der Tod selbst, sondern dessen Diener, der *passeur des âmes,* was so viel wie 'Begleiter der Seelen' bedeutet, und wird als Unheilbringer selbstverständlich gefürchtet. Sein Name ist etymologisch verwandt mit dem bretonischen Wort für Trauer und Schmerz, *anken,* und dem Wortstamm *ankoun,* aus dem man einige Wörter mit der Grundbedeutung 'Vergessen' bilden kann.[48] Der *Ankou* wird gewöhnlich dargestellt mit einer Sense, deren Schneide umgekehrt am Stiel befestigt ist, manchmal auch mit einer Lanze oder einem Pfeil. Er reisst die Menschen aus ihrem Schlummer, indem er nachts auf einer quietschenden Karre, die so genannte *karrig-* oder *karriguel an Ankou*, seine Runde dreht und dabei die Seelen der jüngst Verstorbenen einsammelt. In Küstennähe ist hingegen von dem *bag nez*, dem 'Boot der Nacht', die Rede. Wer sich einer Begegnung mit dieser Gestalt zu erinnern glaubte, und sei dies auch nur eine quietschende Karre gewesen, der sollte innerhalb eines Jahres sterben. Auch andere Geräusche oder Gerüche, wie beispielsweise ein nachts krähender Hahn, der Geruch von Kerzen, oder in meiner Familie das Knarren eines Schrankes, wurden als Vorzeichen eines nahenden Todes betrachtet.

Der *Ankou* erinnert vor allem an unser unausweichliches Schicksal und macht uns demütig, aber es besteht auch eine gewisse Vertrautheit, die der Schicksalsergebenheit dient. Sätze in diesem Geiste findet man eingemeißelt in unzählige Wände von Kirchen und Beinhäusern: „ich töte euch alle" (Brasparts) oder "Erinnert euch daran, Menschen, dass ihr Staub seid" (La Roche-Maurice), ja sogar in bretonischer Sprache, "Der Tod, das Urteil, die kalte Hölle: wenn Menschen daran denken, zittern sie" (La Martyre).

Die Kirche Notre-Dame in Bulat-Pestivien ist für die makaberen Darstellungen des Todes an ihrem Renaissanceanbau(◄) bekannt. Den *Ankou* findet man hier in fünf verschiedenen Haltungen wiedergegeben, so z. B. Betend aber auch mit offenen Armen und mit Knochen oder Pfeilen in den Händen. Am bekanntesten ist der so genannte *spectre hurleur*, (das heulende Gespenst) dessen Ähnlichkeit mit dem berühmten Gemälde Der Schrei von Edvard Munch nicht zu übersehen ist.

Vor allem ist im Hinblick auf dieses Thema jedoch die bedeutende Kapelle Kermaria-an-Iskuit bei Plouha zu nennen, deren Geschichte zugleich ein anschauliches Beispiel für frühen Denkmalschutz liefert, doch dazu später mehr. Dieses Baudenkmal befindet sich in einem Landstrich, der seinerzeit sowohl von der Abtei Beauport (Paimpol) als auch vom Bischof von Saint-Brieuc reklamiert wurde, also einen Zankapfel zwischen diesen geistlichen Grundherren darstellte. Nach einem Appell an den päpstlichen Tribunal wurde die Angelegenheit im 13. Jahrhundert zu Gunsten der Abtei entschieden, deren Einfluss auf die Gemeinde Plouha damit bis zum Beginn des 19. Jahrhunderts festgeschrieben wurde. Die Ursprünge der Kapelle sollen auf das 13. Jahrhundert zurückgehen. Die Identität des Stifters lässt sich nicht mit Sicherheit feststellen.

Der bretonische Name des Denkmals sorgt für Kopfzerbrechen, liefert zugleich aber erste Hinweise auf seine ehemalige Bedeutung. Relativ unstrittig ist der Bestandteil *Kermaria*: *ker* ist das bretonische Wort für 'lieb' oder 'beliebt', so dass Kermaria als die *'liebe Maria'* übersetzt werden kann.[49] Problematischer erscheint dagegen der Bestandteil *Iskuit*, denn dieses Wort wird im modernen Bretonisch nicht mehr verwendet und seine Bedeutung ist in Vergessenheit geraten. Es erschließt sich heute nur noch den Experten, die jedoch, wie so oft, zu verschiedene Auslegungen kommen. In Verbindung gebracht wird das Wort u. a. mit 'überleben', 'überwinden', 'Heil bringen', 'heil an Körper und Geist',[50] also mit Begriffen, die gewissermaßen im Einklang mit dem tradierten Ruf von Maria stehen. Daher liegt eine ursprüngliche Funktion dieses Bauwerks als Heilkapelle im Zusammenhang mit dem oben schon angesprochen Kult der Heiligen Maria[51] nahe. Ihre Lage im Einflussbereich der Abtei Beauport, zwischen den wichtigen Stationen der *Tro-Breiz*: Tréguier und Saint-Brieuc, spricht auch für eine gewisse Bedeutung im Rahmen dieser Pilgerroute. Jedenfalls wird man diese Kapelle in erster Linie aufgesucht haben, um für eine problemlose Schwangerschaft zu beten oder um sich aus einer schwierigen Situation 'helfen zu lassen'.

Wie Saint-Jacques bei Tréméven wurde auch Kermaria-an-Iskuit dank seiner Verflechtung von Kultstätte und Markt über die Region hinaus berühmt. Auch hier kam es zu einem gewissen Aufleben des Ortes und seiner verhältnismäßig überdimensionierten Märkte. Die Kapelle erwies sich wegen des Andrangs schon bald als zu klein, so dass sie seit dem 15. Jahrhundert mehrmals erweitert wurde, zuletzt durch das Hinzufügen der Apsiden im 17. Jahrhundert.

Die Hauptachse der Kapelle mit langem siebenjochigem Mittel- und zwei Nebenschiffen ist von Ost nach West ausgerichtet. Das nach Süden abknickende Querschiff ist, wie oft zu beobachten, als private Kapelle eingerichtet. Man kann drei Bauphasen unterscheiden: Die westlichen vier Joche stammen aus dem 13. Jahrhundert, drei weitere einschließlich der Privatkapelle aus dem 15. Jahrhundert; der Turm wurde im Jahr 1702 gebaut.

Das ältere Eingangsportal auf der Westgiebelseite, das aus dem 13. Jahrhundert stammt, erscheint vergleichsweise schlicht; von einem kleineren zweiten Portal aus dieser Zeit auf der Nordseite sind heute nur noch wenige Spuren zu erkennen. Ein jüngeres Eingangsportal befindet sich in Höhe des dritten Jochs auf der Südseite, von dem eine Vorhalle (▲) mit Kreuzrippengewölbe(►) aus dem 15. Jahrhundert im rechten Winkel von der Südwand des Hauptschiffs abzweigt. Es stellt eines der bedeutendsten Details dieses Monuments dar. Darin befinden sich in Nischen zu beiden Seiten insgesamt elf Holzstatuen der Apostel(▼) mit ihren jeweiligen Erkennungsmerkmalen. Eine Nische, in der die Statue des heiligen Lukas gestanden haben soll, ist leer. Dieser Heilige war freilich kein Apostel, sondern der Verfasser des dritten Buches des Neuen Testaments und Heilkundiger, was gewissermaßen zu einer Heilkapelle passt. Die Figur wurde im Jahr 1907 entwendet. Trotz polizeilicher Ermittlungen konnte der Täter seinerzeit nicht dingfest gemacht werden. Die Ermittlungen wurden auf Verlangen der Gemeindeverwaltung schließlich ad acta gelegt, beinahe ein halbes Jahrhundert später, im Jahr 1952, jedoch wieder aufgenommen. Innerhalb von wenigen Wochen konnte nun der Dieb in Marokko identifiziert werden. Dieser gab eine Adresse in Paris preis, wo das Diebesgut versteckt worden war. Es handelte sich um ein Hotel zweifelhaften Rufes. Einige Heiligenstatuen wurden dort auch tatsächlich gefunden, allerdings nicht die von St. Lukas. Deren Verbleib konnte nie aufgeklärt werden.

Auffällig ist die unterschiedliche Gestaltung der Standplätze der Statuen. Während sie auf einer Seite in Nischen mit Baldachinen untergebracht sind, stehen sie auf der gegenüberliegenden Seite auf Konsolen(►). Die Nischen sind dort durch Tiefenreliefs bzw. kleine Wandsäulen lediglich angedeutet. Auf beiden Seiten werden sie als Dreipass abgeschlossen. Über den Statuen schweben vier mit den Instrumenten der Passion[52] ausgerüstete Engel. Die innere Tür zum Nebenschiff, deren Einfassung mit stilisierten Köpfen verziert ist, wird von einer polychrom bemalten Marienstatue gekrönt. Das zweijochige Kreuzgewölbe lastet auf Konsolen in Form von Engelsköpfen und ist mit stark in Mitleidenschaft

gezogenen Fresken bemalt, die ebenfalls Engel, aber auch Wappen darstellen.

Über der Vorhalle erhebt sich ein kleiner, heute als Sekretariat genutzter rechteckiger Raum(◄), der ursprünglich als Auditorium diente. Er wird eingefasst von einer außen umlaufenden, mit Quadriloben verzierten Balustrade. In der Kapelle sind noch die untersten Stufen der dorthin führenden Treppe vorhanden. Nach 1547 wurde dieser Raum als grundherrliche Gerichts- und Huldigungsstätte genutzt.

Im Vergleich zu vielen anderen, reicher verzierten Kapellen der Bretagne, wie z. B. in Loc Envel, Runan oder Châtelaudren, erscheint Kermaria-an-Iskuit geradezu unscheinbar und karg. Wenn man die Kapelle durch das Portal der Vorhalle betritt, befindet man sich im ältesten Teil des Gebäudes. Dabei fällt sofort die Schlichtheit der runden Pfeiler(►) ins Auge, die keinerlei plastische Verzierungen aufweisen. Der Übergang zum jüngeren Chorbereich

macht sich durch einen Stilbruch bemerkbar: dort sind die Pfeiler oktogonal. Auch hier fehlt jedoch nicht das übliche, mit Holz verschalte Tonnengewölbe(▼). Von den Auflagebalken dieses Gewölbes blicken in regelmäßigen Abständen geschnitzte menschliche und tierische Konterfeis in Tiefenreliefs in den Chor, die aus dem 15. Jahrhundert stammen, während Engelsfiguren(◄) im Übergangsbereich des Chors ins Mittelschiff hineinragen. Die ebenfalls geschnitzten Gurtbögen erinnern an steinerne Gewölberippen und schließen gewissermaßen an 'hölzerne Schlusssteine' an. Man findet auch hier im Übrigen die obligatorischen, den Balkenkopf 'fressenden' Ungeheuer (*engoulants*), von denen schon einmal die Rede war.

Der eigentliche Reiz dieses Denkmals beruht folglich nicht auf irgendwelchen kunstgeschichtlich herausragenden architektonischen Details. Die Kapelle ist vielmehr bekannt wegen ihres in solcher Größe und künstlerischer Fertigkeit selten anzutreffenden Totentanzes (*danse macabre*), einer Wandmalerei, bestehend aus 47 Figuren, die sich über beide Seiten des Hauptschiffs erstreckt(▼). Sie wurde im 18. Jahrhundert mit Putz überdeckt und im Jahr 1856 von Charles de Taillart wiederentdeckt. Die jeweils etwa 1,3 m hohen Figuren sind oberhalb der Arkatur, die das Haupt- vom Seitenschiff des älteren westlichen Gebäudeteils trennt, angebracht und lassen sich daher gut vom Mittelschiff aus betrachten.

Dieses Gemälde ist zwar nicht vollständig erhalten, zeigt aber sehr eindrücklich, dass die Aneinanderreihung der verschiedenen Figuren, meist im Wechsel mit Skeletten, einen sozialen Querschnitt der mittelalterlichen Ständeordnung wiedergibt. Es sind u. a. folgende höhere Amtsträger und Stände dargestellt: Papst, Kaiser, Kardinal, König, Erzbischof, Ritter, Bischof, Abt, Bürger. Am unteren Ende der sozialen Ordnung erkennt man u. a. einen bäuerlichen Musikanten, dessen Dudelsack am Boden liegt, sowie verschiedene Handwerker und Landarbeiter. Vier Figuren werden offenbar nicht von todbringenden Skeletten flankiert, nämlich der Arzt, der Wucherer, eine Frau und ein Bettler.

An manchen Stellen sind Inschriften auszumachen, die moralische Urteile über die Abgebildeten zum Ausdruck bringen sollten. Die noch lesbaren Fragmente wurden vermutlich durch das Gedicht *du charnier des innocents* (dt. etwa: 'Über das Grab der Unschuldigen') inspiriert. Die berühmteste Darstellung des Totentanzes befindet sich im Kloster des Innocents in Paris, unter den Arkaden an der Südwand des angrenzenden Friedhofs, und wurde im Jahr 1425 ausgeführt. Als Holzdruck reproduziert war sie in ganz Europa sehr beliebt. Sie diente zweifellos als Vorbild für das Fresko von Kermaria, das zwischen 1488 und 1501 entstanden sein soll.[53]

Das sonstige Inventar umfasst neben zahlreichen Heiligenfiguren noch fünf reich verzierte Altarbilder aus Alabaster, Arbeiten des schon erwähnten Ateliers von Nottingham, dessen Erzeugnisse im späten Mittelalter sowohl in der Bretagne als auch im übrigen Europa sehr begehrt waren. Sie bilden biblische Szenen und Heilige im Flachrelief ab, die von einem in der gotischen Formensprache gestalteten Baldachin überdacht sind. Von Restauratoren festgestellte Spuren von Farbe und Vergoldung deuten auf eine ursprüngliche Mehrfarbigkeit dieser Reliefs hin.

Die Erhaltung dieses Denkmals verdanken wir in erster Linie nicht seinen Besitzern oder dem Engagement kulturbeflissener Beamter, sondern den Mitgliedern der Gemeinde Plouha. Nachdem es die Revolution, mit der üblichen Unkenntlichmachung der Wappen der Adelshäuser, überstanden hatte, drohte ihm Mitte des 19. Jahrhunderts das Aus. Der damalige Pastor Perro erachtete die Kapelle, die nun als Gemeindekirche benutzt wurde, für „zu klein und hässlich, ohne Stil ... und ungesund". Durch einen Abriss hätte man eine erstklassige Quelle für Baumaterial gewonnen. Ein entsprechender Antrag erging am 5. Juli 1850 an den Präfekt der Côtes-du-Nord. Zur Erinnerung: das Fresko mit dem Totentanz war zu diesem Zeitpunkt noch nicht wiederentdeckt. Diesem Antrag wurde, wenngleich mit Bedauern und dem Vermerk, ob es nicht möglich sei, das Gebäude als Ganzes an einen anderen Ort zu versetzen, stattgegeben. Seine sofortige Umsetzung scheint dann aber durch die Untätigkeit eines Entscheidungsträgers in Paris noch verzögert worden zu sein. Nach dessen Tod stand dem Abrissplan aber nichts mehr im Weg, so dass der Termin für die Grundsteinlegung der neuen Gemeindekirche auf den 27. Februar 1859 festgesetzt wurde.

Die Abrissarbeiten begannen Ende März 1859. Doch hatte der Pastor die emotionale Verbundenheit der Gemeindemitglieder mit ihrer Kultstätte offenbar unterschätzt. Ihre ohnehin große Empörung wurde noch dadurch verstärkt, dass sie über das Vorhaben nicht informiert worden waren. Als der erste Stein des nördlichen Eingangsportals fiel, gingen sie in die Offensive. Mit Mistgabeln und Stöcken bewaffnet verwehrten sie den Arbeitern den Zutritt zur Baustelle. Der Abriss wurde als Sakrileg betrachtet, dass es mit aller Entschiedenheit zu verhindern galt. Selbst der Bischof wurde auf den hitzig geführten Streit aufmerksam und schickte einen Gesandten vor Ort, um die Sache zu erkunden. Schließlich entschied er in dieser Angelegenheit zugunsten der aufgebrachten Bauern und rettete dadurch die Kapelle. Noch heute zeugen die Grundsteine der abgebrochenen Vorhalle des nördlichen Eingangsportals von diesem Akt kirchlicher Willkür.

Auch wenn diese Episode das Denkmal für kurze Zeit in den Blickpunkt des öffentlichen Interesses rückte, versank es bald darauf wieder in einen Dornröschenschlaf und kümmerte für rund hundert Jahre dem Verfall preisgegeben vor sich hin. Erst Anfang der 1950er Jahre entschloss man sich dann zu den weitreichenden Restaurationsarbeiten, die es zu einem beliebten Ausflugziel für Touristen von nah und fern machen. Die Kapelle zählt heute zu den am häufigsten besuchten sakralen Denkmälern der Bretagne. Das *Pardon* von Notre-Dame-des-Sept-Douleurs am 3. Samstag des Septembers lockt von weit her Pilger an, die sich eine Linderung ihrer körperlicher Leiden oder Beistand bei allerlei Beschwerden erhoffen.

In Kermaria und Bulat-Pestivien sehen wir Gotteshäuser, die der heiligen Jungfrau Maria geweiht sind und folglich vor allem dem Schutz der Schwangeren gedient haben dürften. An beiden Gebäuden[54] befinden sich darüber hinaus graphische Darstellungen in Beziehung zur Thematik des Todes, in Kermaria eindeutig unter dem Aspekt, dass der Tod alle gleich behandelt, ob reich oder arm, ob jung oder alt. Dies kommt sicher nicht von ungefähr. Der philosophische Gedanke, der Tod sei die Bedingung des Lebens, kommt, wenngleich in instrumentalisierter Form, auch in der Bibel zum Ausdruck: 'der Herr hat´s gegeben, der Herr hat´s genommen'.[55]

Ausgewählte Orte

Eine Reihe von Denkmalkomplexen, wie z. B. die bereits im Detail erörterten Kapellen Saint-Jacques de Tréméven, Kermaria-an-Iskuit bei Plouha und Saint-Antoine *bei* Tressignaux, können dem Bretagne-Besucher wegen ihrer außergewöhnlichen kunsthistorischen Bedeutung besonders ans Herz gelegt werden. Andere, nicht minder lohnende Ziele für einen Ausflug können wegen des knapp bemessenen Umfangs dieses Bändchens nicht in solcher Ausführlichkeit behandelt werden, sollen in Form von kurzen Porträts aber auf den folgenden Seiten noch mit ihren wesentlichen Eckdaten beschrieben werden.

Die Kapelle Notre-Dame-de-la-Clarté in Perros-Guirec wurde Mitte des 15. Jahrhunderts durch Rolland IV von Coëtmen, den Herrn von Tonquédec und Keruzec, errichtet. Es handelt sich hierbei um ein spätgotisches Bauwerk aus dem rosaroten Granit von Saint-Samson und La Clarté-Poumanac'h. Eine Inschrift mit dem Datum 1445 an einem Pfeiler des Mittelschiffs bietet einen Anhaltspunkt für die Einweihung der Kapelle. In den nachfolgenden Jahrzehnten wurden dem Gebäude weitere Komponenten hinzugefügt, z. B. um das Jahr 1500 die Vorhalle des Eingangsportals, die einige Jahrzehnte später, wie das im Dachstuhl eingeritzte Datum 1573 zeigt, anscheinend renoviert wurde.

Dieser Teil des Gebäudes bildet die eigentliche Hauptattraktion der Kapelle und steht denjenigen von Kermaria-an-Iskuit und Notre-Dame-de-Miséricorde (Runan) in keiner

Weise nach. Auch hier beherbergte das obere Geschoss eine Schreibstube. Eigenartig erscheint jedoch das Ensemble aus Vorhalle und seitlich angebrachtem Türmchen (*tour-porche*). Der Fries über dem Portal stellt im Tiefenrelief das Vesperbild[56] und die Verkündigung des Herrn dar. Nach dem Betreten empfangen den Pilger auch hier hohe Statuen der Evangelisten, um ihn in Richtung der Figur unserer lieben Frau, die über dem Innenportal zur Kapelle steht, zu weisen.

Am westlichen Rand des Waldes Coat An Noz liegt der Weiler Loc Envel. Der Ortsname gibt schon erste Auskunft über seinen Ursprung. Loc heißt so viel wie 'heiliger Ort' und Envel ist der Name eines Abtes (St. Envel), der an dieser Stelle im 6. Jahrhundert eine Eremitensiedlung gründete. Die Bedeutung dieses Landstrichs hängt mit den reichen Vorkommen an Buntmetallerzen in den umliegenden Hügeln zusammen. Dort wurden Zink- und Silberminen betrieben, die um die Mitte des 18. Jahrhunderts einen Aufschwung erlebten.

Die heutige Kirche Saint-Envel(▶), an einem niedrigen Hügel am Dorfrand gelegen, ist im spätgotischen Stil (*gothique flamboyant*) errichtet. Auftraggeber waren die Benediktiner von Saint-Jacut. Man erkennt in diesem eindrucksvollen Meisterwerk die unverwechselbare Handschrift der schon erwähnten Beaumanoirs aus Morlaix. Beim Rundgang um die Kirche begegnet man einer ganzen Ansammlung von realen und mythischen Tieren, darunter Hunde, Affen und Drachen, die sich im Inneren der Kirche fortsetzt und auf diese Weise ein in Stein gehauenes Zeugnis für die symbolische Einordnung auch der Tiere in das Wertesystem des Mittelalters abbildet. Auf den Betrachter wirkt diese Szenerie wie eine geheimnisvolle Fantasiewelt, so als stünde man vor einem asiatischen Tempel oder einer Kultstätte der Kwakiutl Indianer.

Rechts neben dem Portal der Hauptgiebelseite befinden sich, ähnlich wie bei der Kapelle Saint-Antoine bei Tressignaux, drei inzwischen vermauerte Fensteröffnungen, welche es den Leprakranken einst ermöglichten, an der Messe von diesem Standort außerhalb der Kirche teilzunehmen.

Den Höhepunkt des Besuchs bildet der unmittelbar nach dem Eintritt in die Kirche ins Auge fallende Lettner aus dem 16. Jahrhundert(▲). Er wurde von seinem ursprünglichen Platz vor dem Chor an diese Stelle vor dem Portals versetzt. Seine reichhaltige Gliederung spiegelt vor allem im Tiefenrelief viele bekannte Formelemente monumentaler Steinbauten wider. Im unteren Bereich des Lettners trennen prächtige, in Fialen gipfelnde Halbsäulen, detailgetreu mit Plinthe, Kapitellen und - auf halber Höhe - Nischen mit Baldachinen, zwei Spitzbogen-Maßwerkfenster mit darunter angebrachten, reich verzierten Paneelen. Dazwischen befindet sich eine von einer Kreuzblume bekrönte Tür, über der balkonartig der Rednerpult hervorragt. Auch dieser wird von zwölf spitzbogigen Maßwerksfenstern im spätgotischen Stil, bekrönt von wirklichkeitsnah gestalteten Krabben und Kreuzblumen, eingefasst. Das Ganze ruht auf einem u. a. mit Menschen-, Engels- und Drachendarstellungen verzierten Gebälk, das von einem Kreuzrippengewölbe getragen wird.

Der überbordende Reichtum an plastischen Formelementen setzt sich vom Lettner in Richtung Chor fort. Besonders hervorheben lässt sich noch das mit zahlreichen Malereien in polychromer Ausführung geschmückte Holztonnengewölbe. Die Ankerbalken des Gewölbes(◄) sind wie andernorts mit *engoulants* versehen, im Hinblick auf ihre filigrane Kunstfertigkeit und ihren Prunk können diese aber nur als einzigartig bezeichnet werden. Reiche

Verzierungen, darunter insbesondere wieder reizvolle, sich kaum wiederholende kleine Tierdarstellungen, weisen darüber hinaus sowohl die hängenden Schlusssteinimitate als auch die Schwellbalken des Tonnengewölbes auf(▼).

Die Kirche Notre-Dame-de-Miséricorde in Runan liegt an einem alten römischen Höhenweg zwischen Tréguier und Guingamp. Ihr Grundplan besteht aus einem Mittelschiff und zwei Nebenschiffen, was in der Bretagne keine Selbstverständlichkeit ist. Sie ist vierjochig und besitzt ein Querhaus.

Bis ins 19. Jahrhundert wurde die Kirche immer wieder ergänzt und erweitert, wenn auch der Schwerpunkt der Bautätigkeit in die erste Hälfte des 15. Jahrhunderts zu setzen ist. Der rechteckige Chor entstand wahrscheinlich in den Jahren 1421 bis 1423. Im frühen 17. Jahrhundert (1617) hatte sie sieben Altäre. Der zugehörige Kalvarienberg wurde während der Revolution im Jahre 1793 schwer beschädigt.

Bekannt ist die Kirche vor allem für ihre mit eindrucksvollen Tiefenreliefs verzierte Eingangshalle aus dem 15. Jahrhundert. Deren Giebelwand, gebaut zwischen 1435 und 1438 von Pierre de Keramborgne, ist wie die von Notre-Dame-de-la-Clarté (Perros-Guirec) von überregionale Bedeutung. Dargestellt sind die elf Apostel als übereinander angeordnete Gewändefiguren in Halbrelief(►). Das Tiefenrelief über dem Portal stellt die Verkündigung des Herrn dar.

Der Wasserspeier in Form eines bärtigen Mannes mit Hut und einer Flasche in der rechten Hand(◄) ist wohl eines der am meisten fotografierten Motive der Bretagne. Er gehört zu einer Gruppe, die u. a. auch Greifvögel, Löwen sowie Darstellungen von Menschen umfasst.

Das Holztonnengewölbe aus dem 16. Jahrhundert weist wiederum viele Malereien auf, die hier aber keine Hauptattraktion bilden, sondern mit ihren vergleichsweise eintönigen Mond- und

Engelsmotiven sogar etwas blass wirken. Dagegen gefallen die sehr dekorativen, bemalten Schnitzarbeiten des Auflagebalkens(◄). Sie stellen neben den Symbolen des Tierkreises und den Evangelisten vor allem Fabelwesen sowie einheimische und exotische Tiere dar, darunter Fisch, Raubkatze, Pfau, Krokodil, Skorpion, Schwein, Schildkröte, verschiedene Vögel, Löwe,

Elefant und Schlange. Eine Inschrift verewigt mit gewissem Stolz den Namen des Künstlers: Le Mérer.

Die deutsche Einflüsse aufweisende Fensterverglasung der Kirche stammt aus dem Jahr 1423 und wurde in Tréguier angefertigt. Sie zeigt das Wappen des Stiftergeschlechts sowie in Einzelbildern von links nach rechts die Jungfrau Maria, Jesus und die Heiligen Jean l`Évangéliste, Catherine und Helene. Erwähnenswert ist darüber hinaus der Hochaltar aus dem 18. Jahrhundert, in dessen Nischen Statuen der

vier Evangelisten und der Heiligen Peter und Paul stehen. Der Nebenchor namens *la Chapelle de la Commanderie* (Kapelle der Kommende) wurde wie die Giebelwand der Vorhalle in den Jahren 1435 und 1438 von Pierre de Kéramborgne gestaltet.

Für die Erkundung der kleinen Ortschaft Bulat-Pestivien sollte man einen ganzen Tag einplanen. Neben der Kirche Notre-Dame(◄) im Zentrum des Ortes gibt es hier noch zwei baugeschichtlich interessante Brunnen und eine am Dorfrand gelegene Kapelle zu besichtigen. Schließlich befindet sich in einem ehemaligen Herrenhaus unweit des Dorfes ein Museum, das viel Wissenswertes über die Geschichte der bretonischen Adelssitze zusammengetragen hat. Im Vergleich zu küstennäheren Dörfern fällt der Ort auch durch einen großzügig angelegten Marktplatz auf.

Der 66 m aufragende Glockenturm der Kirche Notre-Dame ist der höchste der Côtes-d'Armor. Eine Besteigung des Turms ist für den, der die Mühe nicht scheut, möglich. Die Kirche entstand in der Zeit zwischen 1500 und 1585. Man wird daher auch hier mit Gestaltungskomponenten im Stil der Gotik und der Renaissance konfrontiert. Besonders beeindruckend ist die Vorhalle des Hauptportals mit ihrer eigenartigen Mittelsäule, auf der Weinranken mit daran pickenden Vögeln dargestellt werden(▼).

Kommen wir zu guter Letzt zur Kapelle Notre-Dame-du-Tertre in Châtelaudren, die gewissermaßen einen Höhepunkt bildet. Hier werden einige der bereits angesprochenen Themen nochmals in einem Ausmaß tangiert, das man als architektonisches Crescendo bezeichnen könnte. Darum die ausführliche Behandlung. Die hoch über der Stadt gelegene Kapelle wurde von den Grafen von Goëllo im Jahre 1300 gegründet, aber erst im Jahre 1428 urkundlich erwähnt. Auch hier hat man es mit einer immer wieder veränderten Konstruktion zu tun. Die ältesten Teile des Bauwerks reichen zurück bis ins frühe 14. Jahrhundert, während ein Großteil der Erweiterungs- und Umgestaltungsarbeiten am Ende des 15. Jahrhunderts stattfand. Sie betrafen den

Chor, der einen rechtwinklig orientierten Anbau erhielt, die traufseitige Vorhalle des Portals sowie den Glockenturm. Letzterer wurde dem Gebäude auf recht sonderbare Weise hinzugefügt, sozusagen 'hineingestellt', weshalb seine Strebepfeiler zum Teil im Innenraum stehen.[57]

Das Bauwerk wird auch als Rote Kapelle bezeichnet, was von der vorherrschenden Farbe der spätmittelalterlichen Deckenbemalung (ca. 1460 bis 1480) herrührt, für die sie berühmt ist. Diese die Bretterverschalung des Holztonnengewölbes verzierenden Malereien(◄) wurden von einem unbekannten Künstler ausgeführt und umfassen 132 Szenen aus den wichtigsten Episoden des alten und neuen Testaments(▼). Außerdem sind die Legenden von St. Margareta, St. Fiacre und St. Maria Magdalena dargestellt. Ihre Bedeutung liegt in der liturgischen Aufklärung. Die auf vier Flächen verteilten Einzelszenen sind alle etwa gleich groß und lassen sich in einer vom Künstler festgelegten Reihenfolge 'lesen'. Im Jahr 1849 hat sie der Inspektor der historischen Denkmäler beschrieben: „Eines der größten Zeugnisse des XV.

Jahrhunderts, nicht nur in der Bretagne, sondern in ganz Frankreich."[58] In der Tat wird man lange suchen müssen, um eine spätmittelalterliche Bilderreihe in vergleichbarem Erhaltungszustand und ähnlicher Qualität zu finden. Man denke an das Volkacher Salbuch in Franken, dessen Darstellungen aber eher weltlicher Natur sind.

Über das Leben der heiligen Margareta von Antiochia gibt es im Detail voneinander abweichende Überlieferungen: Stets handelt es sich um das Martyrium einer Frau, die mal als Tochter eines heidnischen Priesters, die von einer christlichen Amme erzogen wurde, mal als Schäferin beschrieben wird. Als der Vater die Hinwendung Margaretas zum christlichen Glauben bemerkte, denunzierte er sie beim Stadtpräfekten Olybrius, der sie vor Gericht stellt. Dort weckt sie das Begehren des Richters – in der zweiten Variante des Präfekten – und wird nach dessen bzw. Olybrius' Zurückweisung nur umso härter bestraft. Sie soll nun durch Folterung gefügig gemacht werden, jedoch schließen sich die ihr zugefügten Wunden immer wieder auf unerklärliche Weise und sie bleibt unverletzt. Dieses Wunder führte zu Massenbekehrungen in ihrer Umgebung, so dass sie schließlich durch Enthauptung hingerichtet wurde. In der zweiten Variante erscheint ihr dagegen der Teufel in Gestalt eines Ungeheuers, das sie verschlingt. Die Deckenmalereien von Châtelaudren nehmen offensichtlich hierauf Bezug. Wir erkennen bzw. 'lesen' in der vom Künstler vorgegebenen Szenenfolge folgenden Handlungsverlauf: Margaretas Abschied von der Familie; die erste Begegnung mit ihrem Peiniger; dessen Heiratsantrag; ihre Ablehnung - da sie nicht auf ihre Religion verzichten möchte; ihre Verhaftung; die Folterung - durch Aufhängung an den Haaren und Schläge; die Verschlingung durch das Ungeheuer;[59] ihr wunderbares Entrinnen aus dem Drachenbauch, der die Hölle symbolisiert; einen Dialog mit dem Teufel über die Christenverfolgung; ihre Folterung durch Feuer und Wasser; eine Engelserscheinung, die ihr mitteilt, das Gott ihr Gebet erhört; ihre Hinrichtung - während der sie von Gottes Hand berührt und gesegnet wird; die Enthauptung von vier Konvertiten; und schließlich Margaretas Grablege. Auf dem Weg zur Hinrichtungsstätte soll Margareta u. a. für Schwangere und gebärende Frauen gebetet haben, weshalb sie auch als eine der vierzehn Nothelferinnen gilt.

Die zentralen Motive dieser Bildsequenz sind: die Erduldung von Ungerechtigkeit und Willkür (Passion), die Bewährung (Glaubenstreue) im Angesicht von existentieller Not (Martyrium) und die Erfahrung göttlicher Gnade (Erlösung, Seligsprechung). Sie bilden nicht nur die Leitbilder des christlichen Glaubens ab, sondern fordern den Gläubigen zugleich zu eigenem Handeln in ihrem Sinne auf. Man denkt dabei wohl augenblicklich an das zeitgenössische Beispiel der Jeanne d´Arc. Den Betrachter wirft diese mystische Leidensgeschichte auf die konkreten Nöte und Sorgen des eigenen Schicksals zurück, denen dadurch eine tiefere Sinnhaftigkeit zuzukommen scheint, und wirkt damit jedem Gedanken an eine Theodizee entgegen.

Um zu verstehen, warum die Kirche in diesem 'Zeitalter des Glaubens' dennoch die Notwendigkeit sah, derart kostspielige und aufwendige Glaubensstützen einzurichten, sollte man sich beispielsweise mit dem Leben des berüchtigten Ritters Gilles de Rais beschäftigen. Dieser scheinbar fromme Christ und erfolgreiche Feldherr führte bis zu seiner Hinrichtung im Jahre 1440 ein Doppelleben mit Geisterbeschwörungen, alchemistischen Experimenten und abartigen pädophilen Grausamkeiten und Morden, das man als Pakt mit dem Teufel bezeichnen könnte und von dem er sich noch größere Macht und Reichtum versprach. Die offizielle Kirche setzte diesem in manchen Kreisen aufblühendem Treiben aus okkulten Praktiken und schwarzer Magie all ihre fantastischen, auf Gottes Wirken beruhenden und mit Wundern gespickten Heiligenlegenden entgegen. Trotzdem erreichte das Spiegelbild des christlichen Lichtkults, nämlich dieser Höllenschattenkult, in der Bretagne im 15. Jahrhundert einen gewissen Höhepunkt.

St. Fiacre, der im 7. Jahrhundert lebte, war ein irischer Mönch, der die Kunst des Heilens durch Heilkräuter erlernt hatte. Er ging nach Frankreich, um ein Kloster zu gründen. Nach der Legende bekam er dafür bei Breuil so viel Land in Aussicht gestellt, wie er an einem Tag mit einem Graben eingrenzen konnte. Also zog er einen Stock hinter sich her, dessen Spur sich auf wundersame Weise in einen Graben verwandelte. Auf dem Klostergut baute er zur Verpflegung von Pilgern u. a. Gemüse an, weshalb er mit einem Spaten dargestellt wird. Der in Châtelaudren abgebildete entspricht einem Typ, der bei archäologischen Grabungen zu Tage trat. Solche Spaten wurde fast vollständig aus Holz hergestellt. Allein die wohl angenagelte Spitze bestand aus wertvollem Eisen(▶).

Der Kult des St. Fiacre verbreitete sich rasch in ganz Frankreich. Er wurde, wie die Erzählung natürlich nahelegt, als Schutzheiliger der Gärtner verehrt. Mit Ausnahme des ersten Bildes, das ein nicht mit der Legende in klarem Zusammenhang stehendes Kampfgeschehen wiedergibt, bildet die Deckenbemalung die wesentlichen Szenen der Legende ab. Man sieht u. a. St. Fiacres Abschied vom Elternhaus; das erste Anlegen des Habits im Kloster(▼); die Überfahrt nach Frankreich(▼)[60]; die Darreichung eines Spatens durch den Bischof von Meaux, St. Faron; den Verlust der bischöflichen Gunst, wegen des Verrats einer Frau namens Becnaude(▼), die St. Fiacre für besessen hielt; die Versöhnung mit dem Bischof, dem er seine Leichtgläubigkeit verzeiht; den aufgebahrten Leichnam mit den Spaten zwischen den gekreuzten Händen und umgeben von Engeln; und schließlich die Himmelfahrt des Heiligen, dessen durch ein Kleinkind symbolisierte Seele dem Körper entweicht.

Maria Magdalena erhielt ihren Beinamen von ihrem Geburtsort Magdala bei Tiberias, heute Migdal in Israel. Nachdem Jesus sie von einer Besessenheit geheilt hatte, soll sie sich ihm als Jüngerin angeschlossen haben. Ja, zu seinem engsten Umfeld zählten nicht nur die zwölf Apostel, sondern auch einige Frauen, unter denen man der Maria, die u. a. für den Lebensunterhalt des Messias sorgte, eine besondere Stellung und einzigartige Nähe zu Jesus nachsagte.[61] Zusammen mit zwei weiteren Frauen wich sie ihrem Herrn auch während der Kreuzigung nicht von der Seite, sondern erwies sich als standhaft und half nach dessen Tod bei der Abnahme des Leichnams vom Kreuz. Seit dem 14. Jahrhundert wurde sie auf Kreuzigungsszenen am Fuß des Kruzifixes dargestellt.

Nach der Beisetzung Jesu' in einem Felsengrab soll sie weinend vor der Begräbnisstätte ausgeharrt haben und wurde, als sie am nächsten Morgen den Leichnam ihres Herrn einbalsamieren wollte, eine der ersten Zeuginnen des leeren Grabes und der Botschaft des Engels, „er sei auferweckt worden". Auf dem Rückweg in die Stadt begegnete sie dann einem vermeintlichen Gärtner, der sich ihr jedoch als ihr geliebter Herr zu erkennen gab, indem er zu ihr sprach: „Berühre mich nicht, Maria!" Die Annahme einer erotischen Beziehung zwischen den beiden ist schon sehr alt. Maria Magdalena verbreitete als erste die frohe Botschaft von der Auferstehung Christi und gilt daher als die Verkünderin des Osterfestes.

Trotz fehlender Anhaltspunkte in der Bibel wurde sie schon früh (373) mit der Maria von Bethanien gleichgesetzt, eine Auffassung, die im Mittelalter von Papst Gregor dem Großen 'bestätigt' wurde. Die Legenden und Vorstellungen um ihre Person verschmolzen. Sie sei aus edlem königlichem Geschlecht gewesen und habe ihr Gemüt hoch getragen, beginnt die Legende. Ihre Burg hieß Magdala. Magdalena, die Reiche und Edle, wurde zur Sünderin.

Der Legende nach wurde Maria (Magdalena bzw. von Bethanien) mit anderen Flüchtlingen von christenfeindlichen Juden in einem steuerlosen Schiff dem Meer preisgegeben. Das Schiff erreichte Marseille und nachdem Maria das schlafende Königspaar im Traum um Einlass gebeten hatte, waren sie gerettet. Ihren Lebensabend verbrachte sie als Einsiedlerin - weshalb man sie im späten Mittelalter unbekleidet darstellte - in einer Höhle in Südfrankreich. Dort soll sie auch begraben worden sein, wenngleich verschiedene Orte diese Ehre für sich in Anspruch nehmen. Nach einer mittelalterlichen Überlieferung sind ihre sterblichen Überreste angeblich im 9. Jahrhundert in das Kloster von Vézelay überführt worden, das ab dem 11. Jahrhundert mit der ihr geweihten Basilika Sainte-Marie-Madeleine zum wichtigen Wallfahrtsort und Haltepunkt auf dem Weg nach Santiago de Compostela wurde. Bernhard von Clairvaux rief hier zum zweiten Kreuzzug auf. Einer anderen Überlieferung nach ruhen ihre Gebeine in der Nähe von Aix-en-Provence. Weitere Reliquien werden in Paris, Exeter und Halberstadt verehrt. Orthodoxe Quellen berichten dagegen, dass Maria in Ephesus gestorben und bestattet worden sei.

Der heiligen Maria Magdalena hat der Maler weitaus weniger Platz eingeräumt als den beiden anderen Heiligen(▲). Allerdings konnte er zweifellos darauf bauen, dass gerade ihre Legende unter den Gläubigen weit verbreitet und bekannt war. In einer knappen Abfolge von fünf Bildern zeigt er uns Maria u. a. mit einem Spiegel in der Hand, der wohl die Eitelkeit und Selbstbezogenheit des Standes ihrer Herkunft symbolisieren soll; ihre Begegnung mit Jesus, der ihr die Sündhaftigkeit ihres früheren Lebens vergibt; das Vorfinden der leeren Grabstätte durch Maria und zwei andere Frauen; ihre dem Königspaar im Traum verkündete und tatsächliche Ankunft in Marseille; und schließlich ihre Abkehr von der Welt, als sie sich in die Nähe einer Grotte zurückzieht, um ihr Leben in Meditation zu beenden.

Maria Magdalena wurde im Mittelalter zum Urbild der Kirche als solche. Ihre besondere Legende ergänzt die Erzählungen der Komparsen St. Margareta und St. Fiacre. Während bei letzteren Tugenden wie Opferbereitschaft, Wahrhaftigkeit, Standhaftigkeit, Tüchtigkeit und Glaubenstreue im Angesicht von Leiden und Verfolgung im Vordergrund stehen, spielt bei Maria vor allem die Bedeutung als Zeugin und Botschafterin der Auferstehung Christi eine Rolle. Anders als die heldenhaften Heiligen Margareta und Fiacre gilt sie als die reuige Sünderin. In Deutschland entstand im 13. Jahrhundert der Magdalenen-Orden für Büßerinnen und reuige Frauen – ein Motiv, das in Dichtung und Malerei häufig thematisiert wurde, z. B. in Friedrich Hebbels Drama 'Maria Magdalena' von 1844. Die Botschaft der drei sich ergänzenden Legenden ist einfach: Opferbereitschaft und Glaubenstreue in Zeiten von Bedrängnis und Not werden vergolten mit der Aussicht auf Vergebung der Sünden und Aufnahme ins Himmelsreich. Diese kultischen Werbetafeln schwebten für Generationen über den Köpfen der bei der Messe versammelten Gemeinde. Sie stellen gewissermaßen eine Hinhalteparole dar für das aus heutiger Sicht doch eher bescheidene Los - mit geringen Aussichten auf Veränderungen im realen Leben - der noch in weitgehender Abhängigkeit von ihren Grundherrn lebenden Landbevölkerung.

Im Hauptschiff sind die Schwellbalken des Holztonnengewölbes mit Hunden, Rotwild, Drachen und Wildschweinen verziert. Die Vorhalle des Portals(▶) besitzt eine vergleichbare Konstruktion, die Reste von weißer Farbe aufweist, samt Querstrebebalken und reichhaltig geschnitzten Balkenköpfen. Auch hier nehmen einige Details Bezug auf ein steinernes Tonnengewölbe, beispielsweise die Profilrippen mit Wülsten und hängenden Schlusssteinen. Wie eine Groteske erscheint hier eine der Darstellungen auf den Schlusssteinen: eine weibliche Figur in aufreizender, hockender Pose und mit entblößter Vulva(◀), die wohl eine gebärende Frau wiedergeben soll. Sie wird meist gleichgesetzt mit der Jungfrau Maria, der diese Kapelle geweiht ist, oder mit der heiligen Margarita, deren Leben auf der Gewölbedecke abgebildet wird, denn beide gelten als Schutzheilige der Hebammen. Die Schwellbalken der Vorhalle sind mit teils aufeinander bezogenen Darstellungen verziert. Man sieht u. a. einen Jäger mit Jagdhorn und -hund, der einem Wildschwein auf den Fersen ist(▼), und daneben ein Einhorn, das sein Horn einem Löwen in den Rachen stößt. Auf der gegenüberliegenden Seite befindet sich eine vergleichbare

Szene, nämlich zwei einander gegenüberstehende Drachen, die sich wechselseitig mit einem Stock das Maul stopfen. Es handelt sich hierbei um das gleiche Thema, das wir auch schon im Hinblick auf die Ungeheuer der Balkenköpfe (*engoulants*) angetroffen hatten. Weitere geschnitzte Figuren, darunter ein Fabelwesen, das denen der Strebebalkenköpfe gleicht, ein Rammbock, ein Löwe und ein Mann mit Hut, ragen wie Wasserspeier rechtwinklig aus den Schwellbalken heraus.

Im Inneren der Kapelle gibt es weitere Gegenstände von Bedeutung, darunter beispielsweise im Chor einen Stuhl mit den Wappen der Bretagne (*hermine*) und der französischen Krone (*fleur-de-lis*), der von Fremdenführern gern als Bischofsstuhl bezeichnet wird. Besonders erwähnenswert ist eine weiße, aus Alabaster gefertigte Statue der Jungfrau Maria mit Jesuskind aus dem 16. Jahrhundert(►), wohl ein Erzeugnis der Werkstatt von Nottingham. Sie befindet sich heute in der Nebenkapelle, gehörte aber ursprünglich zum Retabel des Hauptaltars.[62] Die Figur wurde bei Erdarbeiten im Umfeld der Kapelle gefunden und man geht davon aus, dass sie zum Schutz vor den Exzessen der Revolution vergraben wurde. Eine weitere Madonnenfigur aus Holz befindet sich am Übergang des Hauptschiffs zum Chor. Sie fällt auf, weil sie Holzschuhe (*botou koad*) trägt(▼). Der Künstler, offensichtlich ein bretonischer Nationalist, leistete auf diese Weise subtilen Widerstand gegen die französische Besetzung seines Landes. Holzschuhe wurden seit Jahrhunderten als Zeichen einer angeblichen bretonischen Rückständigkeit betrachtet und wurden damit erst recht zu einem Symbol der bretonischen Identität.

Schlusswort

Die bretonische Tourismusbranche hat längst Vermarktungsstrategien entwickelt, die eine neue Art des Pilgerns hervor zu rufen scheinen. So werden z. B. geeignete Kapellen unter einem bestimmten thematischen Aspekt miteinander vernetzt, um die Besucher auf so genannten *circuits* oder Rundwegen – wie dem *circuit ex-voto* oder dem *circuit des fresques* - an die historisch interessanten Stätten zu lotsen. Die jeweiligen Kapellen, Kirchen oder Kathedralen dienen dabei vornehmlich als bloße Objekte der Neugier für bildungsbeflissene Reisegruppen, während der geistige Abstand zu diesen Denkmälern stetig wächst. Darüber hinaus läuft man Gefahr, dass der hierdurch geförderte Wettbewerb der Skurrilität die Bedeutung dieses Kulturerbes in seiner Gesamtheit bedroht. Verlierer dieser Entwicklung sind die eher unauffälligen, zuweilen abseits der bevorzugten Reiserouten gelegenen Denkmäler ohne besonderen Wiedererkennungswert, denen aber nichtsdestoweniger ein gleichberechtigter Anteil am gemeinsamen Kulturerbe zukommt. Die strikte Trennung von Kirche und Staat hat in Frankreich, insbesondere im 20. Jahrhundert, dem Interesse an einer Erhaltung der sakralen Baudenkmäler entgegengewirkt – eine Situation, die sich erst in den letzten Jahren, und zwar häufig auf Umwegen, verbessert hat. Trotzdem gibt es in Frankreich zur Zeit etwa 5000 Gotteshäuser, die auf eine grundlegende Sanierung warten, u. a. auch die Kapelle von Liscorno, meinem Familiensitz, deren letzte umfassende Renovierung inzwischen rund dreihundert Jahre zurückliegt.

Die Restaurierung selbst einer bescheidenen Kapelle kann leicht mehrere hunderttausend Euro verschlingen. Für eine Ausbesserung der gröbsten Schäden sorgen die vielen ehrenamtlich engagierten Mitglieder der so genannten 'Freunde der Kapellen', die ohne öffentliche Unterstützung mit geringen Mitteln, wie sie z. B. durch die Veranstaltung einer Tombola oder den Verkaufserlös eines nach einem Denkmal benannten Cidres zu erzielen sind, auf vorbildliche Weise zum Fortbestand dieser Kulturdenkmäler und -stätten beitragen. Einer Gesellschaft aber, die die wichtige identitätsstiftende und gemeinschaftsfördernde Aufgabe der Erhaltung ihres architektonischen Erbes als eine Art Privatvergnügen von Vereinen betrachtet, riskiert auf lange Sicht mehr als nur der Verlust einiger nicht mehr als gewinnbringend erachteter baufälliger Gebäude, ihr droht durch den leichtfertigen Umgang mit ihren kulturellen Wurzeln und Traditionen Auflösung und Zerfall.

Ich hoffe, mit diesem Buch zur Verringerung des besagten 'geistigen Abstands' beigetragen und den Leser ermuntert zu haben, weniger zu schauen und mehr teilzunehmen. Bretonische Gotteshäuser sind weder Museen noch Freakshows, sondern dynamische Orte der Seligkeit im weitesten Sinne dieses Wortes. Jedes ein Unikat, dessen Geschichte eine Annäherung wert ist, jedes gebaut für eine Gemeinschaft, deren Welt in vielerlei Hinsicht unvorhersehbarer und unbarmherziger war als unsere. Fahren Sie auch ohne diesen Führer durch die nordbretonische Landschaft auf der Suche nach verzauberten Orten, um deren Umgebung zu erkunden. Natürlich wird der Weg nicht immer nur Entzücken hervorrufen. Frankreich ist ein modernes Land, seine Hafenstädte der Welt zugewandt. Viele kriegerische Konflikte

sind dafür verantwortlich, dass sie eine bewegte Geschichte hatten. Der Weg zur Kathedrale Saint-Etienne in Saint-Brieuc beispielsweise wird nicht jedem gefallen. Sie liegt heute in einem von Sexshops und Schnellimbissen geprägten Teil der Stadt, dessen Gehwege von den Hinterlassenschaften von Hunden, so jedenfalls während meines Besuchs, verunreinigt sind. An der Außenwand der Kathedrale trifft man über Kopfhöhe an einem Strebepfeiler im Bereich des place du martray auf eine passende Groteske: eine in Hockstellung befindliche Figur namens *le Chiot* (der Scheißende, ◄), die einst die Besucher auf die Latrinen in der Sakristei hinwies.

Abseits der viel befahrenen Touristenrouten werden sie eher auf Unerwartetes stoßen. Vor allem die vielen Grabmale verraten einiges über die Biographie der Verstorbenen und geben Anlass zum Nachdenken. Einige kunstvoll gestaltete Grabkreuze(▶) und -denkmäler werden, nachdem sie längst vom Friedhofsplan gestrichen und zum Abriss vorgesehen waren, oft noch lange aus Respekt vor den dort begrabenen, ausgesprochen starken Persönlichkeiten geduldet.

Zum Schluss noch eine Bitte. Viele französische Denkmalkomplexe werden von Gemeinden, Vereinen oder Privatleuten verwaltet. Mitunter fehlt jedoch das nötige Bewusstsein für die Vergänglichkeit eines Jahrhunderte alten Baudenkmals. Empfindliche Befunde liegen zum Teil frei und sind der Verwitterung ausgesetzt. Sie werden von Besuchern betreten und lösen sich auf diese Weise schleichend auf(▼, Kloster Beauport, Zustand 2015). Seien Sie daher achtsam, wohin sie treten, und bitte, nehmen sie nichts mit!

Da viele der zu besuchenden Denkmäler noch eine Funktion im Rahmen sakraler Handlungen erfüllen, ist bei ihrem Besuch oft ein gewisser Abstand oder Respekt von Nöten. Unser Besuch der Kathedrale in Tréguier musste beispielsweise wegen einer Beerdigung vertagt werden. Bei den vielen *Pardons* handelt es sich um Feierlichkeiten, bei denen man zur Teilhabe leicht eingeladen werden kann. Einige Gotteshäuser bleiben geschlossen, zuweilen wegen Restaurierungsarbeiten oder Einsturzgefahr. Andere können nur besucht werden, wenn man den Aufbewahrungsort des Schlüssels ausgemacht hat. Viel Glück bei Ihrem Besuch, und auf wiedersehen, oder bretonisch *kenavo deoc'h*.

Bruno le Mézec

Stolzenhain a.d.R., im Juli 2017

1 Beispielsweise bei der Kapelle Sainte-Agathe de Langon im Departement Ille-et-Vilaine, die gallo-römisches Mauerwerk aus dem vierten Jahrhundert aufweist.

2 Die Kapelle Saint-Barthélemy bei Saint-Julien-de-Concelles aus dem 15. Jahrhundert steht auf den Ruinen eines römischen Bades in der Nähe einer ebenfalls römischen Villa.

3 Inhaber von hohen Kirchlichen Ämtern vornehmlich Bischöfe und Äbte.

4 Die Gesamtheit der Arkaden eines Gebäudes oder Gebäudeteils.

5 Sie ermöglichten darüber hinaus eine Vergrößerung der Fensterfläche, was zu einer Maximierung des Lichteinfalls ins Gebäudeinnere führte.

6 Heute würde man Wandsäule dazu sagen.

7 Jean Ogée, *Dictionnaire Historique et Géographique de la province de Bretagne,* Band II. Nantes, 1779, S. 338-339, meine Übersetzung ins Deutsche.

8 Vergleichbar in dieser Hinsicht ist meines Erachtens lediglich die ehemalige Klosterkirche Sainte-Croix de Quimperlé.

9 Z. B. Saint-Bénigne de Dijon, Neuvy-Saint-Sépulcre (Indre), Rieux-Minervois (Aude).

10 Church of the Holy Sepulchre, Cambridge.

11 Vergleiche Emily Cole, *Grammaire de l´Architecture.* Paris 2013, S. 189; James Fergusson, *The illustrated Handbook of Architecture*, Vol. 2. London 1855, S. 566 wo eine Datierung in das elfte Jahrhundert behauptet wird.

12 Der in Italien während der Renaissance geprägte Begriff Gotik war ursprünglich ein vom Namen des Stamms der Goten übertragenes Schimpfwort, gleichzusetzen mit fremdartig oder barbarisch, eine Abwertung der Kunst des Mittelalters gegenüber den Werten der Antike.

13 Fialen, vom italienischen *foglia*, Blatt oder Nadel, in Französisch *pinnacle,* sind aus Steinen spitz auslaufende, reich verzierte Türmchen, die der Überhöhung von Wimpergen und Strebepfeilern dienten. Sie haben außer einer ästhetischen durch ihr Gewicht auch eine statische Funktion.

14 Als Ausnahme gelten einige wichtige Pilgerkapellen, die beinahe die Größe einer Kathedrale erreichten. Sie sind aufgelistet in René Couffon, *Art Breton I, Églises et Chapelles.* Chatelauin 1974, S. 4.

15 Giebelgebälk, giebelartige Bekrönung got. Portale und Fenster, die oft Maßwerkschmuck zeigt. Der Wimperg wird von Krabben und Fialen gerahmt und von einer Kreuzblume abgeschlossen.

16 Knollenartige Verzierung, auch Kantenblume genannt, an Kanten von Fialen, Wimperge, Turmpyramiden u. dergl.

17 Bis auf den Bau von steinernen Gewölben und dazugehörigen Strebewerken, die weitestgehend beim Kapellenbau fehlen, worauf unten eingegangen wird.

18 Dazu Georges Duby, *Der heilige Bernhard und die Kunst der Zisterzienser.* Frankfurt 1981, S. 14.

19 Auch die Vorbildfunktion des 1553 bis 1618 im Renaissancestil erbauten Schlosses Kerjean bei Plouescat an der Nordküste des Finistère darf in diesem Zusammenhang nicht unerwähnt bleiben.

20 Altaraufsatz über der Platte (Mensa).

21 Dass alle fünf genannten Gotteshäuser mit diesem Motiv der heiligen Jungfrau Maria der Geburtshelfer geweiht sind dürfte kein Zufall sein.

22 Bei dem Abstützen von Sparren, was in den meisten Fällen nicht ersichtlich ist wäre hierbei von Fusspfette oder panne sablière die Rede.

23 Der von Stützen getragene Überbau eines Altars.

24 Augustiner und Zisterzienser kamen im 12. Jahrhundert, die Dominikaner erst im 13.

25 *Succurales* sind Teile einer Gemeinde, in der Bretagne oft *trève* genannt, denen die Muttergemeinde bestimmte Rechte zuteilt, siehe Abschnitt *chapelles tréviales*.

26 D. h. ein 'bewundernswerter Ort'. In diesen Worten wurde es von Prosper Mérimée beschrieben, *Notes d'un voyage dans l'Ouest de la France. Paris 1835.*

27 Althochdeutsch *senescalh*, von lateinisch *senex* »alt« und althochdeutsch *scalc* »Diener«, was sich als »Altknecht« übersetzen lässt, auf französisch *sénéchal*. Der Seneschall war ursprünglich königlicher Beamter am merowingischen Königshof.

28 Darunter der Mont Saint-Michel, Michaels Mount, Saint-Michel-de-Brasparts, ehemals Saint-Michel-de-la-motte-de-Cronon auf dem Méné-Mikel. Die Kapelle auf dem Mont Guéhenno ist ebenfalls dem St. Michel geweiht und in Carnac steht die Kapelle auf dem Tumulus-Saint-Michel. Entsprechend stehen in Deutschland viele Berge unter dem Schutz des heiligen Michael und es gibt zahlreiche Michaelskapellen. Im Falle des Mont Saint-Michel geht der Name zurück auf eine Legende aus dem 8. Jahrhundert. Dort soll St. Michael erschienen sein. Er gilt auch als Schutzheiliger der Seefahrer.

29 Lat.: 'wegen eines Gelübdes'. Das zu einer Votivgabe führende Gelübde bezeichnet man als Votation.

30 Derartige Schiffsmodelle befinden sich u. a. in Lantic, in den Kapellen Notre-Dame-de-la-Cour, Kermaria-an-Iskuit, Sept-Saints (Vieux-Marché) und in der Kirche Saint-Loup.

31 St. Anne, die Mutter der Heiligen Jungfrau Maria, war u. a. Schutzheilige von Seemännern und Beschützerin gegen Stürme. Ihr weiterer Zuständigkeitsbereich waren unverheiratete Frauen, Hausfrauen, gebärende Frauen, Großmütter und Bergleute in Gold- und Silberminen. Unter anderen Umständen könnte man auch hier eine Verbindung mit Geburtshilfe vermuten.

32 Ein ähnliches Abhängigkeitsverhältnis herrschte zwischen Klöstern und den ihnen unterstellten Gemeinden, die, zum Teil auf Inseln gelegen, bei ungünstigen Witterungsverhältnissen oft tagelang von der Außenwelt abgeschnitten waren.

33 Seit einem Dekret aus dem Jahre 1630/31 durften bretonische Gemeinden ihren Heiligen selbst wählen.

34 *La loi concernant la séparation des Églises et de l'État.*

35 Vergleiche das romanische Steinbecken mit Menschenköpfen aus dem Kloster Daoulas. Marc Déceneux, *La Route des Abbayes en Bretagne.* Rennes 2004, S. 66.

36 Im heutigen Krankenhausbetrieb spielen Kapellen dagegen keine prägende Rolle mehr. Wird das Leiden durch wissenschaftlichen Fortschritt vermindert, nimmt die Nachfrage nach seelischer Sterbebegleitung proportional ab. Der Leidensdialog der Moderne hat sich nun aber weitestgehend verlagert aus dem Bereich des privat subjektiven theologischen, der in der Kapellenkunst zum Ausdruck kommt, zum kollektiv politischen. Das westliche Weltbild eines überwiegend medizinisch gut versorgen Bürgertums ist geprägt von endlosen Fernsehübertagungen menschlichen Leids unvorstellbaren Ausmaßes. So lernt man das Leiden immer weniger am eigenen Leib kennen. Man leidet ehe mit.

37 Frz.: *poutre de gloire*; dt.: Triumphkreuz.

38 Notre-Dame, dt. etwa: *Unsere hohe Frau*, bezieht sich ja ebenso wie der Name selbst auf die Mutter Gottes bzw. die Jungfrau Maria.

39 Glaoda Millour, *Les saints vétérinaires en Bretagne.* Guérande 1990, S. 51.

40 Es gab andere Wallfahrten, z.B. die *Tro-Ménie*. Eine französische Ableitung des *Tro-Minihi*, was so etwas wäre wie die Tour der Klöster oder monastischen Räume. Andere Pilgerziele bezogen sich auf St. Méen. Dieser war für die Heilung von Schuppenflechte zuständig.

41 Die Bretonen kanonisierten, ohne Rücksprache mit Rom, zahlreiche Äbte und Mönche, die an der Einrichtung der bretonischen Bistümer beteiligt waren. So begegnet man in der Bretagne oft anderswo unbekannten Heiligen als Schutzpatronen. Durch diese Bevorzugung von einheimischen 'Bewerbern' stiegen einige Prälaten zum Rang von wahren *lokal heroes* auf. Gern wird auf fast mythische Art an Einzelheiten von deren Lebensweg erinnert.

42 Laut Michèle Turbin, *Une chapelle de pèlerinage Saint-Jacques der Tréméven en Côtes-d'Armor.* Perros-Guirec 2009, S. 31, sind auch eine Feldflasche (*gourde*), eine bestimmte Glockensorte (*bourdon*) und eine Brieftasche (*besace*), zu sehen.

43 Eventuell zur Klärung der Stifterfrage relevante Urkunden aus dem Bestand des eines Tagemarsches entfernten Klosters Beauport, von wo aus die aus England angereisten Pilger ihre Fahrt fortsetzten, sind seit 1790 verschollen.

44 Michèle Turbin, *Une chapelle de pèlerinage Saint-Jacques der Tréméven en Côtes-d'Armor.* Perros-Guirec, 2009, S. 53.

45 Daniel Giraudon, *Sur les chemins de l'ankou.* In: *Les mémoires du Kreiz Breizh 23.* Carhaix, 2013, S. 6-11.

46 Beispielsweise im Namen der Kapelle Notre-Dame-des-Sept-Douleurs in Le Tertre, Saint Gouéno, Côtes-d'Armor.

47 Möglicherweise handelte es sich um Statuen der sieben angeblichen Bistumsgründer der Bretagne, deren Grablege und Reliquien im Rahmen des zuvor erwähnten *Tro-Breiz(h)* besucht wurden.

48 *ankouaat, ankounac´h/ankouazh, ankouazhus, ankounac´haat, ankounac´haenn, ankounac´haus,* siehe Roparz Hemon, *Dictionnaire Breton Français.* Brest, 1995.

49 Siehe aber auch ar *gêr*, das Zuhause, was auf Deutsch Marienstätte ergeben würde. Die meisten Autoren folgen dieser Deutung. Cocaign und Mesnard übersetzen *Ker* fälschlicherweise mit Dorf, was aber bretonisch *Kêriadenn* wäre. Dies ergäbe Mariendorf, was aber ebenfalls plausibel erscheint.

50 Jean Cocaign und Maurice Mesnard, *Itron-Varia-An-Iskuit Plouha*. ohne Ort, ohne Datum, ohne Seitenzahl.

51 Siehe auch Itron-Varia-Gwir-Zikour = Notre-Dame de Bon-Secour in Guingamp.

52 Die christliche Tradition bezeichnet die Objekte, die für die Kreuzigung Jesu verwendet wurden, als Instrumente der Passion. Dem Kreuz kommt in dieser Hinsicht eine große Bedeutung zu, wesentlich sind aber auch Nägel, die Dornenkrone und der Speer, mit dem Jesus durchbohrt wurde. Jeder diese Gegenstände kann Objekt der Anbetung gelten. Sie werden in Bildern dargestellt und als Reliquie aufbewahrt.

53 In der Bretagne können Wandmalereien des *danse macabre* auch im Querschiff der Kirche von Notre-Dame de Kernascléden besichtigt werden.

54 Aber auch in der der Heiligen Maria geweihten Kirche Notre-Dame de Kernascléden sind derartige Darstellungen vom Tod erhalten.

55 Buch Hiob.

56 Das Vesperbild oder *pietà* (Italienisch für „Frömmigkeit, Mitleid", das deutsche Wort Pietät ist davon abgeleitet), ist in der bildenden Kunst die Darstellung Marias als *mater dolorosa* (schmerzende Mutter), die sich dem Leichnam des vom Kreuz abgenommenen Jesus Christus hinwendet bzw. mitleidet. Der Leichnam Jesus liegt immer in Marias Schoß. Die Bezeichnung Vesperbild beruht auf der Vorstellung, dass Maria den Leichnam ihres Sohnes ungefähr zur Zeit des Abendgebets, der liturgischen Vesper, entgegen nahm. Das Motiv, das Mitleid erwirken soll, ist seit dem frühen 14. Jahrhundert gebräuchlich und wird von der älteren Forschung in Verbindung mit der Entstehung des Andachtsbilds gebracht. Pietà zählen zu den bekanntesten ikonographischen Darstellungen des Mittelalters und sind in den meisten katholischen Kirchen zu finden.

57 Siehe auch Kergrist und Guingamp.

58 „L' une des plus grandes pages laissées par le XVème siècle non seulement à la Bretagne, mais à la France entière."

59 Das Motiv der Margareta von Antiochia im Mund des Ungeheuers entspricht dem weit verbreiteten Bild des *guele de l'enfer* oder Mund der Hölle.

60 Hier dargestellt in einer zeitgenössischen Kogge, welche das 7. Jahrhundert noch nicht kannte.

61 Maria wird neben Junia als apostelgleiche Frau verehrt.

62 Drei weitere Fragmente davon sind ausgestellt im Chor.

www.ingramcontent.com/pod-product-compliance
Lightning Source LLC
Chambersburg PA
CBHW041429090426
42741CB00003B/93